100
Computer-Tipps

Erleichtern
Sie Ihren
Computer-Alltag

Entdecken
Sie versteckte
Funktionen

Profitieren Sie
von kostenloser
Software

Verein für Konsumenteninformation (Hrsg.)
Simon Maier und Gernot Schönfeldinger

100 Computer-Tipps

Impressum

Herausgeber
Verein für Konsumenteninformation (VKI)
Mariahilfer Straße 81, A-1060 Wien, ZVR-Zahl 389759993
Tel. 01 588 77-0, Fax 01 588 77-73, E-Mail: konsument@vki.at, www.konsument.at

Geschäftsführung
Dr. Josef Kubitschek
Mag. Dr. Rainer Spenger

Autoren
Simon Maier
Mag. Gernot Schönfeldinger

Grafik/Produktion
Günter Hoy
Ing. Ursula Payer

Foto Umschlag
Gts/Shutterstock.com

Druck
Holzhausen Druck GmbH,
2120 Wolkersdorf

Bestellungen
KONSUMENT Kundenservice
Mariahilfer Straße 81, A-1060 Wien
Tel. 01 588 774, Fax 01 588 77-72
E-Mail: kundenservice@konsument.at

Printed in Austria

Wir sind bemüht, so weit wie möglich geschlechtsneutrale Formulierungen zu verwenden. Wo uns dies nicht gelingt, gelten die entsprechenden Begriffe im Sinne der Gleichbehandlung grundsätzlich für beide Geschlechter.

Bibliografische Information der Deutschen Nationalbibliothek
Die Deutsche Nationalbibliothek verzeichnet diese Publikation in der Deutschen Nationalbibliografie; detaillierte bibliografische Daten sind im Internet über http://dnb.d-nb.de abrufbar.

Verein für
Konsumenteninformation
ISBN 978-3-99013-057-5

€ 19,90

Zu diesem Buch

Liebe Leser!

Computer haben nicht nur die Berufswelt revolutioniert, sondern sind auch aus den Privathaushalten kaum noch wegzudenken. Die große Herausforderung hier wie dort ist es, den Computer zu beherrschen anstatt sich von ihm beherrschen (oder zumindest nerven) zu lassen. Schließlich ist der Sinn und Zweck des Gerätes ja die Erleichterung bzw. Ermöglichung bestimmter Arbeitsabläufe mit dem Ziel eines zufriedenstellenden Ergebnisses.

Bis zu einem gewissen Grad erfordert dies allerdings die Bereitschaft, über das Erreichte hinaus laufend dazuzulernen, für Neues offen zu sein und auch einmal die eine oder andere Option auszuprobieren. Es gibt nämlich eine ganze Reihe von Funktionen und Tools (also „Werkzeuge" in Form von Software), die Wege abkürzen oder neue Möglichkeiten eröffnen.

Wir sehen, dass das Interesse am Neuen und die Bereitschaft zu lernen durchaus vorhanden sind. Nicht grundlos zählt die Rubrik „Computertipps" in unserem Testmagazin KONSUMENT zu den beliebtesten und wird auch auf unserer Webseite konsument.at besonders häufig aufgerufen. Deshalb haben wir 100 nützliche und einfach umsetzbare Tipps und Tricks auf den aktuellen Stand gebracht und in einem Buch zusammengefasst.

Egal, ob Sie das Betriebssystem Windows 7, 8.1 oder 10 installiert haben, ob Sie den Internet Explorer, Edge, Mozilla Firefox oder Google Chrome zum Surfen verwenden, effizient mit Microsoft Word arbeiten, vorwiegend Ihre Fotos verwalten oder die Sicherheit beim Internetsurfen und beim Umgang mit Dateien unbekannter Herkunft erhöhen möchten: Das Buch beantwortet Fragen, löst Probleme oder verhindert, dass diese überhaupt auftreten. Abgerundet wird es durch einen lexikalischen Teil, in dem wichtige Begriffe aus der Computerwelt erklärt werden.

Wenn Sie dann den einen oder anderen Tipp in die Praxis umsetzen, sind Sie schon wieder ein Stück versierter im Umgang mit dem Computer. So gesehen wünschen wir viel Freude, sowohl beim Schmökern als auch beim Ausprobieren!

Ihr KONSUMENT-Team

Nützliche Systemfunktionen

Systemsteuerung, Systemkonfiguration, Task-Manager – was nach Profifunktionen klingt, sind wichtige Werkzeuge zur Fehlerbehebung und Beschleunigung.

Schnellzugriff auf die Systemsteuerung

Unter Windows 8.1 und 10 wird dem Benutzer vorrangig eine reduzierte Oberfläche für Systemeinstellungen dargeboten (bezeichnet mit „PC-Einstellungen" beziehungsweise „Einstellungen"). Diese deckt jedoch nicht den Zugriff auf alle Einstellungsmöglichkeiten ab, wie ihn die klassische „Systemsteuerung" bietet. Viele Tipps in diesem Buch verweisen daher auf die Anzeige der Windows-Systemsteuerung – und zwar in der Darstellung nach Kategorien.

Über das Startmenü

Obwohl die Systemsteuerung nur unter Windows 7 direkt über das Startmenü erreichbar ist, können Sie diese auch unter Windows 8.1 und 10 schnell öffnen, indem Sie einen Rechtsklick auf das Startsymbol ausführen. In dem sich aufklappenden Menü kann diese direkt ausgewählt werden.

Über den Explorer

Im Windows Explorer findet sich die Systemsteuerung ebenfalls auf der ersten Ebene namens „Desktop". Am schnellsten dorthin gelangen Sie, indem Sie mehrmals die Tasten Alt+Pfeil nach oben betätigen, um quasi dorthin zurück zu navigieren.

Über das Suchfeld

Und wenn Sie links unten auf das Windows-Symbol klicken und ins Suchfeld den Begriff „Systemsteuerung" eintippen, scheint dieser in der Trefferliste auf und Sie gelangen ebenfalls direkt dorthin.

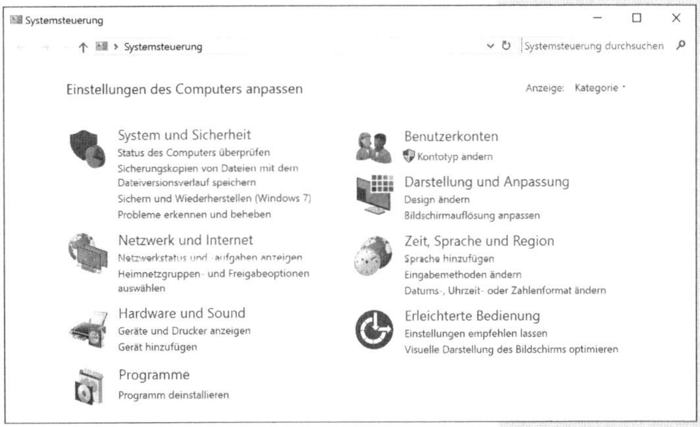

Computerstart: Mehr Tempo

Wenn Sie den Startknopf Ihres Computers drücken, dann fährt nicht nur das Betriebssystem hoch, sondern es starten auch diverse Programme, wie z.B. der Virenscanner. Was bei diesem Sinn macht, weil er ja stets im Hintergrund aktiv sein soll, ist in anderen Fällen lästig, verzögert den Startvorgang und verbraucht Ressourcen.

Lästige Erinnerungen

Möglicherweise haben Sie ein Programm installiert und werden nun laufend daran erinnert, sich online zu registrieren, obwohl Sie dies nicht möchten. Oder die neue Brennsoftware fordert Sie regelmäßig dazu auf, eine Datensicherung durchzuführen, obwohl Sie dies ohnehin bereits auf andere Weise erledigen. Oder ein Clouddienst startet jedes Mal, auch wenn Sie ihn nur alle heiligen Zeiten verwenden.

Systemkonfiguration öffnen

Der Hintergrund: Bei diversen Programmen erfolgt im Zuge der Installation automatisch ein Eintrag im Windows-Systemstart, der aber manuell deaktiviert werden kann. Dazu klicken Sie unter Windows 7 auf das „Start"-Symbol und geben in das Suchfeld „msconfig" ein. Sobald dieser Treffer in der Liste aufscheint, klicken Sie darauf und es öffnet sich das Fenster „Systemkonfiguration". In diesem Fenster wählen Sie nun den Karteireiter >>Systemstart<<, wo Sie die Liste all jener Programme finden, die automatisch gestartet werden. Die Einträge unter den Überschriften „Systemstartelement", „Hersteller" bzw. „Befehl" geben Hinweise darauf, welcher auf dem Computer installierten Software sie zuzuordnen sind.

Windows 8.1 und 10: Autostart

Unter Windows 8.1 und 10 befindet sich diese Liste im Task-Manager, den man beispielsweise per Rechtsklick auf die Taskleiste erreicht. Dort werden die automatisch gestarteten Programme unter dem Reiter >>Autostart<< gelistet.

Programme auslisten

Wenn Sie solch einen Eintrag deaktivieren, dann wird das Programm beim nächsten Hochfahren des Computers nicht mehr mitgestartet. Es erfolgt jedoch keinerlei Veränderung an der Software selbst und die Deaktivierung lässt sich durch neuerliches Aktivieren rückgängig machen. Trotzdem möchten wir darauf hinweisen, die Deaktivierung nur dann vorzunehmen, wenn Sie den Eintrag eindeutig zuordnen können. Nach der Deaktivierung eines oder mehrerer Einträge klicken Sie auf >>Übernehmen<< und danach auf >>OK<<.

Änderungen nach Neustart gültig

In der Folge haben Sie die Wahl zwischen einem sofortigen oder späteren Neustart des Computers. Das bleibt Ihnen freigestellt. Es ist auch kein Problem, wenn Sie den Computer erst nach Beendigung Ihrer Arbeit herunterfahren und am nächsten Tag wieder hochfahren.

Adobe Acrobat Reader: Systemeintrag entfernen

Ein Tipp zum Abschluss: Der Adobe Acrobat Reader ist eine häufig verwendete, kostenlose Software zur Darstellung von Dateien im PDF-Format. In der Liste der Systemstart-Programme finden Sie einen Eintrag, der mit „AdobeARM.exe" endet. Dieser dient lediglich zum schnelleren Start des Adobe Acrobat Readers, ist aber bekannt dafür, gleichzeitig den PC beim Hochfahren auszubremsen. Diesen Eintrag können Sie getrost deaktivieren. Bei älteren Versionen heißt diese Datei noch „Reader_sl.exe" und kann insbesondere dann Probleme verursachen, wenn bereits eine neuere Version des Adobe Acrobat Reader installiert ist.

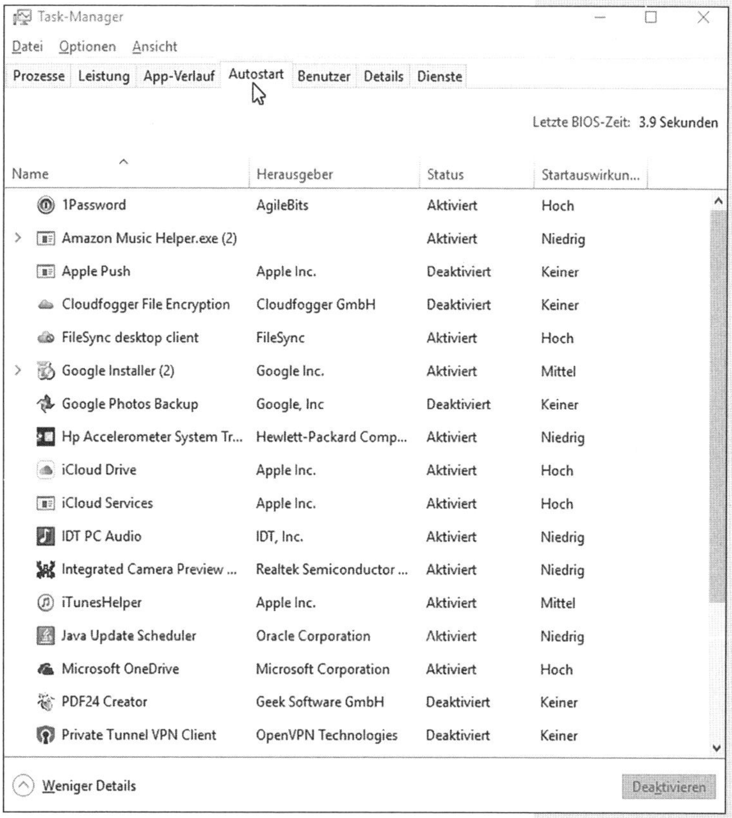

Task-Manager: Erste Hilfe am PC

Mitunter geschieht es, dass eine aktive Anwendung (Programm) einfach „einfriert“ und keinen Muckser mehr von sich gibt. Dann hilft auch der Klick auf das rote Kästchen mit dem X in der rechten oberen Ecke nichts mehr – das Programm lässt sich nicht mehr schließen.

Task-Manager aufrufen

In einem solchen Fall kann der Task-Manager helfen (englisch task = Anwendung, Prozess). Um ihn aufzurufen, halten Sie Strg+Alt gedrückt und betätigen dann noch die Taste Entf im rechten oberen Bereich. Dann sehen Sie eine Auswahlliste vor einem blauen Bildschirmhintergrund. Der unterste Eintrag lautet >>Task-Manager<<. Alternativ klicken Sie mit der rechten Maustaste in die Leiste am unteren Bildschirmrand und wählen den entsprechenden Eintrag aus dem Menüfenster. Jedenfalls haben Sie dann ein neues Fenster vor sich, und klicken auf den Karteikartenreiter >>Anwendungen<<.

„Keine Rückmeldung“

Hier finden Sie eine Liste der geöffneten Programme und daneben entweder den Hinweis „Wird ausgeführt“ oder „Keine Rückmeldung“. Letzterer ist der ungünstigere Fall. Markieren Sie mittels einfachen Mausklicks das entsprechende Programm und klicken Sie auf die Schaltfläche >>Task beenden<<. Nun wird das Programm zwangsweise geschlossen. Gibt es noch weitere „Problemkinder“, dann können Sie auch diese der Reihe nach beenden, ansonsten schließen Sie den Task-Manager durch Klick auf das rote Kästchen mit dem X.

Einschaltknopf fünf Sekunden drücken

Es gibt freilich Situationen, in denen sich überhaupt nichts mehr rührt und sich nicht einmal der Task-Manager aufrufen lässt. Dann ist die Stunde des Einschaltknopfes gekommen – nicht die sanfteste Methode, aber die letzte, die noch hilft. Halten Sie den Einschaltknopf mehrere Sekunden lang gedrückt, bis der Bildschirm schlagartig schwarz wird und der Computer ausgeschaltet ist. Danach lässt er sich wieder wie gewohnt hochfahren. Nachteil: Ungespeicherte Änderungen in geöffneten Dateien gehen verloren.

Programme deinstallieren

Neue PCs werden mit einer Fülle an Software ausgeliefert, deren Sinn oft zu hinterfragen ist und die großteils gar nicht genutzt wird. Aber auch kostenlose Programme, die man einmal ausprobieren möchte, füllen mit der Zeit die Festplatte und können die Geschwindigkeit des PCs einbremsen. Wie wird man diese überflüssige Software wieder los?

Deinstallations-Routinen unter Windows

Öffnen Sie die >>Systemsteuerung<< und klicken Sie unter dem Eintrag „Programme" auf >>Programme deinstallieren<<. Auch hier wieder mittels einfachem Linkslick das Programm auswählen und in der oberhalb aufscheinenden Menüleiste auf >>Deinstallieren<< klicken.

Programme reparieren oder ändern

Bei manchen Programmen ist es an dieser Stelle übrigens auch möglich, die Installation – oder genauer gesagt den Umfang der installierten Bestandteile – zu ändern oder das Programm bei Fehlfunktion mithilfe des Installationsassistenten zu reparieren.

Datenmüll nach dem Entfernen

Aber bleiben wir bei der Deinstallation. Tatsache ist, dass jedes Programm in den Tiefen des Computers (in der Windows-Registrierungsdatenbank) so genannte Registry-Einträge ablegt. Die integrierte Deinstallationsmöglichkeit beseitigt diese Einträge nicht, die unter anderem Informationen zu Programmeinstellungen beinhalten und nach dem Entfernen des eigentlichen Programms nutzloser Datenmüll sind. Sie manuell zu entfernen, ist eine Aufgabe für Profis.

Zugehörige Daten löschen

Zum Glück gibt es praktische Software, die die Funktion der integrierten Deinstallation übernimmt, darüber hinaus aber alle dazugehörigen Bestandteile zusammensucht und auflistet. Mit den kostenlosen Versionen von „Revo Uninstaller" (www.revouninstaller.com) oder CCleaner (www.piriform.com/ccleaner) haben Sie – theoretisch – die Möglichkeit, einen prüfenden Blick darauf zu werfen und das Löschen im Zweifelsfall zu stoppen.

Auf Nummer sicher gehen

Theoretisch deshalb, weil dies natürlich ebenfalls ein gewisses Grundwissen voraussetzt. Aber auch für diesen Fall ist vorgesorgt: Starten Sie den Revo Uninstaller, bestätigen Sie die Windows-Sicherheitswarnung, wählen Sie im Fenster mittels einfachem Linksklick das zu entfernende Programm und klicken Sie auf die Schaltfläche >>Uninstall<<. Nun werden Sie gefragt, welchen Modus Sie bevorzugen. Gehen Sie auf Nummer sicher und wählen Sie >>Gefahrlos<<. Nun folgt in mehreren Schritten, die Sie mit >>Weiter<< bzw. >>Löschen<< bestätigen müssen, die Deinstallation.

Gründlich, aber mit Risiko

Die Wahl eines der beiden anderen Modi (>>Moderat<< bzw. >>Erweitert<<) führt zwar zu einem noch gründlicheren „Aufräumen" der Festplatte, birgt aber die Gefahr in sich, dass Sie das Löschen von Einträgen veranlassen, die auch von anderen Programmen benötigt werden. Der Modus >>Eingebaut<< entspricht jenem der in die Betriebssysteme integrierten Deinstallationsmöglichkeit.

Im Zweifel nicht anhaken

Der „CCleaner Free" gestaltet sich etwas komplexer und beinhaltet viele Möglichkeiten, um das System auszumisten. Hier sollte man darauf achten nur bei den Optionen das Häkchen zu aktivieren, bei denen man sich wirklich sicher ist, dass die Daten gelöscht werden sollen. Unter dem Menüpunkt >>Extras<< findet sich unter >>Deinstallieren<< die Liste der installierten Anwendungen beziehungsweise Apps, die einzeln gelöscht werden können.

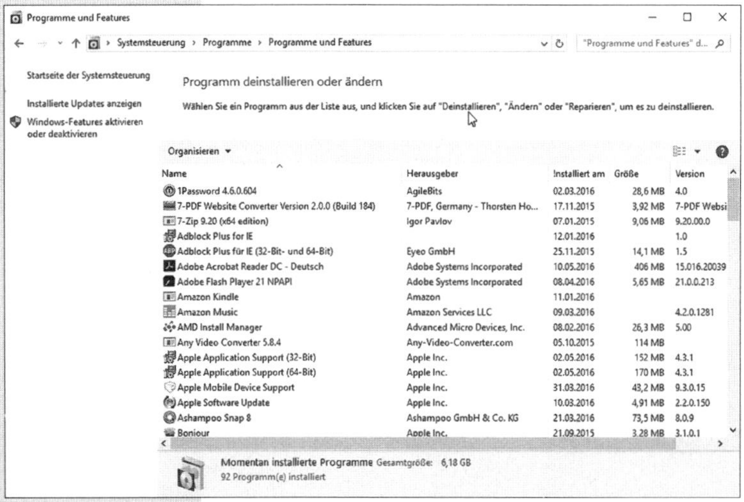

Standardprogramme festlegen

Ob Musik, Fotos, Texte etc. – wenn auf dem PC mehr als ein Programm installiert ist, mit dem man dieselbe Art von Dateien öffnen und bearbeiten kann, dann kann das mitunter lästig werden.

Bei der Installation festgelegt

Beim Doppelklick auf eine solche Datei startet nämlich meist beharrlich jenes Programm, das man gar nicht verwenden möchte. Zum Teil besteht die Möglichkeit, im Zuge der Installation zu bestimmen, dass z.B. der neue Mediaplayer das Standardprogramm zum Abspielen von Musik sein soll. Aber was, wenn sich die Entscheidung dann doch als falsch herausstellt?

Individuell ändern

In allen Windows-Betriebssystemen gibt es die Möglichkeit, die Standardprogramme für bestimmte Dateitypen individuell festzulegen bzw. zu ändern. In Windows 7 führt der von Microsoft empfohlene Weg über >>Start/Standardprogramme/Standardprogramme festlegen<<. In einem Fenster finden Sie eine Liste von Programmen. Wenn Sie einen Eintrag mit dem Mauszeiger markieren, erscheint eine kurze Erläuterung dazu und Sie können das Programm als Standard festlegen. Die zweite Option – >>Standards für dieses Programm auswählen<< (= das Treffen einer sehr differenzierten Auswahl) – setzt zusätzliche Kenntnisse voraus. Unter Windows 8.1 findet man diese Einstellung unter >>PC-Einstellungen/Suche und Apps/Standardwerte<<. Bei Windows 10 unter >>Start/Einstellungen/System/Standard-Apps<<. Hilfreich ist dort außerdem die Option >>Standard-Apps nach Dateityp auswählen<<.

Windows-Explorer als Alternative

Die alternative Möglichkeit führt in allen Windows-Betriebssystemen über den Windows-Explorer. Dort wählen Sie eine Datei, die Sie öffnen möchten, klicken mit der rechten Maustaste darauf und in der Folge auf >>Öffnen mit/Standardprogramm auswählen ...<< bzw. >>Andere App auswählen/Weitere Apps << unter Windows 10. Auch hier finden Sie eine Liste von Programmen, treffen Ihre Entscheidung und vergewissern sich, dass das Kästchen angehakt ist, um die Änderung auf alle Dateien dieses Typs anzuwenden.

Integrierte Suchfunktion

Ein voreiliger Klick auf >>Speichern<< und das neu erstellte Dokument landet an einem unbekannten Ort, weil man übersehen hat, den richtigen Ordner auszuwählen. Glücklicherweise legen viele Programme eine Liste der zuletzt verwendeten Dokumente an.

Zuletzt verwendet

Klicken Sie in der Menüleiste/im Menüband auf >>Datei<< (und eventuell noch auf >>Zuletzt verwendet<<), öffnet sich ein Fenster, in dem sich u.a. eine Liste von zuletzt verwendeten Dokumenten befindet. Halten Sie den Mauscursor länger darüber, wird die vollständige Angabe des Speicherortes eingeblendet. Ein Klick auf einen Eintrag öffnet das entsprechende Dokument.

Einträge verschwinden

Haben Sie seit der letzten Verwendung eines Dokuments allerdings mehrere andere geöffnet, ist der Eintrag aus der Liste verschwunden. Es kann aber auch sein, dass Sie einen Ordner angelegt und dessen Speicherort vergessen haben. In solchen Fällen kommt die integrierte Suchfunktion ins Spiel.

Windows-Taste und lostippen

Unter Windows 7, 8 und 10 können Sie nach dem Klick auf >>Start<< bzw. aufs Suchfeld oder nach Drücken der Windows-Taste direkt den Suchbegriff eintippen. Schon nach dem ersten Buchstaben erscheint eine Trefferliste, von der aus man das Gewünschte direkt öffnen kann. So erspart man sich mühsames Durchklicken im Explorer oder das Scrollen durch die eher unübersichtliche Kachelansicht von Windows 8.1.

Suche spezifizieren

Die Standardeinstellung der Suche ist „Überall", man kann sie aber unter Windows 8.1 und 10 z.B. auch auf bestimmte Dateien beschränken. Schwieriger wird es, wenn Sie den Namen nicht mehr wissen. Dann müssen Sie nach Dateiendungen wie .doc bzw. .docx (= Word-Dokumente), .jpg (= Digitalfotos) oder .pps bzw. .ppsx (= PowerPoint-Präsentationen) suchen. Setzen Sie vor die Dateiendung einen Stern, also *.doc, dann sucht der Computer nach sämtlichen Dateien mit dieser Endung.

Desktop aufräumen

Der Desktop, also der virtuelle Schreibtisch der Windows-Betriebssysteme, wird gerne dazu verwendet, Programmverknüpfungen oder diverse Dokumente abzulegen, um raschen Zugriff darauf zu haben. Wie auch im realen Leben sammelt sich mit der Zeit so einiges an und der Überblick geht verloren. Deshalb hat jedes der derzeit verbreiteten Windows-Betriebssysteme (7, 8.1 und 10) eine einfache Möglichkeit integriert, um auf dem Desktop mehr Ordnung zu schaffen. Die Unterschiede sind marginal.

Anordnen, verschieben, ausblenden, sortieren, neu anlegen

Führen Sie auf einer freien Fläche des Desktops einen Rechtsklick aus. Es erscheint ein Menüfenster, in dem Sie den Mauszeiger auf >>Ansicht<< stellen. Ein weiteres Fenster klappt auf; dort können Sie die Größe der Symbole ändern, sie vom Computer automatisch anordnen lassen, den (unsichtbaren) Raster deaktivieren, um einzelne Symbole an gänzlich beliebige Stellen des Desktops zu verschieben, oder sie überhaupt komplett ausblenden. Unter Windows 7 befindet sich hier außerdem eine Option für die Minianwendungen (Gadgets), die unter Windows 8.1 und 10 in dieser Form nicht mehr existieren. Weitere Optionen finden Sie unter >>Sortieren nach<<: Name, Größe (= Dateigröße), (Element-)Typ, Änderungsdatum. Diese Möglichkeiten können die Suche nach einer bestimmten Datei sehr erleichtern. Über die Option >>Neu<< lassen sich direkt neue Dateien auf dem Desktop erzeugen. Dies kann besonders für Ordner, Verknüpfungen oder für spontan aus der Situation heraus neu angelegte Dokumente sinnvoll sein.

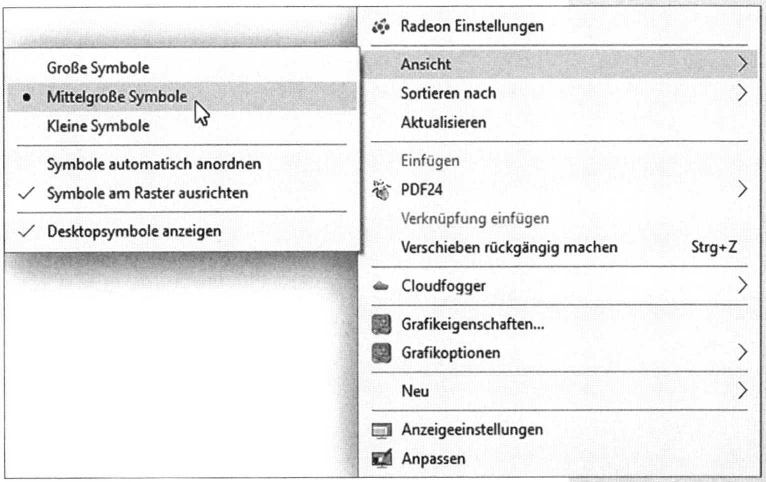

Shortcuts: Praktische Tastenkombinationen

Mit Shortcuts arbeitet man oft schneller als mit der Maus. Nicht alle davon sind gleich sinnvoll und nützlich, aber es schadet nicht, den einen oder anderen davon zu kennen.

Zwischen Programmen wechseln

So erweist sich z.B. die Kombination Alt+Tab als praktisch, um zwischen mehreren geöffneten Programmen bzw. Programmfenstern zu wechseln (Tab = Tabulatortaste, gekennzeichnet mit zwei in entgegengesetzte Richtungen zeigenden Pfeilen, zu finden außen links in der dritten Tastenreihe von oben). Hält man die Taste Alt gedrückt, kann man mithilfe der Tab-Taste im so genannten Programmwechselfenster navigieren. Mit Alt+F6 kann man hingegen zwischen mehreren geöffneten Fenstern des jeweils im Vordergrund laufenden Programms umschalten.

Schließen

Mit Alt+F4 wiederum kann man das betreffende Programm schließen, d.h. dies entspricht dem Mausklick auf das rote Feld mit dem X in der rechten oberen Ecke des Programmfensters.

Umbenennen

Mittels F2 lässt sich ein auf dem Desktop oder im Explorer zuvor durch einfachen Linksklick markierter Ordner bzw. eine auf gleiche Weise markierte Datei umbenennen. Dies geht meist zielgenauer und schneller als das Umbenennen mit der etwas länger gedrückt gehaltenen linken Maustaste.

Speichern, löschen, neues Dokument

Die Kombination Strg+N öffnet ein neues Programmfenster bzw. (z.B. in Word) ein neues, leeres Textdokument, Strg+S speichert dieses. Und wer sich ganz sicher ist, kann mittels Umschalt+Entf (Umschalt = die Taste für die Großschreibung einzelner Buchstaben) ein markiertes Objekt sofort dauerhaft löschen, ohne dass es zunächst im Papierkorb „zwischengelagert" wird. Aber immerhin gibt es – ganz Windows-typisch – vor dem endgültigen Löschen noch die Sicherheitsabfrage, ob man dies tatsächlich tun möchte.

Dateien gezielt auswählen

Es gibt auch eine Mischform aus Taste und Mausklick, die sich dann als praktisch erweist, wenn man z.B. eine größere Anzahl von Fotos in einen anderen Ordner verschieben oder auf einen externen Datenträger kopieren möchte.

Fortlaufende Dateien auswählen

Nehmen wir an, Sie haben in einem Ordner 10 Fotodateien und möchten diese kopieren. Öffnen Sie im Windows-Explorer den entsprechenden Ordner. Klicken Sie mit der Maus einmal auf Foto Nummer 1, sodass dieses blau markiert ist. Halten Sie nun die Umschalt-Taste, die Sie üblicherweise für Großbuchstaben verwenden, gedrückt und klicken Sie mit der Maus einmal auf Foto Nummer 10. Nun sind alle 10 Fotos blau markiert.

Verschiedene Dateien „herauspicken"

Möchten Sie aber z.B. Foto Nummer 3 und Foto Nr. 7 doch nicht dabei haben, dann kommt die Strg-Taste (für: Steuerung) ins Spiel. Drücken Sie diese und klicken Sie je einmal auf Nummer 3 und auf Nummer 7. Diese Fotos sind nun nicht mehr markiert. Diese Art der Auswahl mit der Strg-Taste funktioniert auch ohne dass Sie vorher sämtliche Dateien markieren. Halten Sie die Taste einfach dauerhaft gedrückt und wählen Sie gezielt die gewünschten Fotos. Erst nach dem Markieren des letzten Fotos lassen Sie die Taste wieder los.

Markierte Dateien verschieben oder kopieren

Die markierten Dateien können Sie nun als komplettes Paket mit gedrückter linker Maustaste innerhalb des rechten, großen Explorer-Fensters in einen anderen Ordner verschieben oder in einen Ordner/Datenträger im linken, schmalen Explorer-Fenster hinüberkopieren. Alternativ dazu können Sie die rechte Maustaste verwenden: Einmal rechts auf eine der markierten Dateien klicken, im danach aufscheinenden Menüfenster mit der linken Maustaste >>Ausschneiden<< bzw. >>Kopieren << anwählen, wieder mit der rechten Maustaste auf den gewünschten Zielordner/Datenträger klicken und im neuerlichen Menüfenster mit links auf >>Einfügen<<.

Kurzbefehl statt Mausklick

Neben dem Arbeiten mit der Maus und den Shortcuts (► Seite 20), also Tastenkombinationen, gibt es auch den einen oder anderen schriftlichen Befehl, mit dem man unter Windows auf bequeme Weise z.B. Systemprogramme, Systemeinstellungen und Zubehör öffnen kann.

„Ausführen"-Fenster als Ausgangspunkt

Ausgangspunkt ist jeweils das „Ausführen"-Fenster, aufrufbar mit der Tastenkombination Windows-Taste (gedrückt halten)+R. Geben Sie die nachfolgend genannten Begriffe jeweils ohne Anführungszeichen ein: „calc" öffnet z.B. den Bildschirm-Taschenrechner, der im Zubehör-Ordner versteckt ist. Beachten Sie die Optionen unter dem Menüpunkt >>Ansicht<<, welche erst den gesamten Funktionsumfang des Rechners erschließen.

Zeichentabelle, Paint, … öffnen

„charmap" zeigt die Zeichentabelle an, die man dann suchen wird, wenn es um die Eingabe von Sonderzeichen geht. Wer würde sie unter den Systemprogrammen vermuten, die selbst wiederum unter dem Zubehör zu finden sind? Die Befehle „mspaint" bzw. „write" öffnen die beiden mit dem Betriebssystem mitgelieferten Programme Paint (ein sehr einfaches Grafik- und Zeichenprogramm) bzw. die Basis-Textverarbeitung WordPad. Mit „osk" schließlich öffnen Sie die Bildschirmtastatur, die als Eingabehilfe gedacht ist.

Systemsteuerung und Windows-Update aufrufen

Zum Auswahlfenster der Systemsteuerung gelangen Sie mit „control", um z.B. die Einstellungen für die Benutzerkonten oder die Bildschirmdarstellung zu ändern, die angeschlossenen Geräte anzuzeigen oder ein Programm fachgerecht zu deinstallieren. „wuapp" führt Sie zumindest unter Windows 7 und 8 direkt zum Windows-Update, das man fallweise manuell aufrufen muss, wenn z.B. eine Fehlermeldung erscheint.

Task-Manager verwenden

Wichtig für den Fall, dass sich ein Programm „aufgehängt" hat und das Schließen erzwungen werden muss, ist der Task-Manager (► Seite 14). Dieser kann durch den Befehl „taskmgr" aufgerufen werden.

Funktionstasten: Der direkte Weg

Neben Shortcuts (► Seite 20) und Kurzbefehlen (► Seite 22) gehen die Funktionstasten in der obersten Reihe der Windows-Tastatur oft unter.

Umbenennen

F1 öffnet in diversen Programmen die Hilfefunktion, die man sonst über das Menü aufrufen muss. Mit F2 lässt sich ein durch Linksklick markierter Ordner bzw. eine Datei umbenennen. Dies erspart das Aufrufen des Kontextmenüs mittels Rechtsklick bzw. den langen Linksklick auf den Dateinamen.

Suchen, schließen

F3 ist noch schneller als Strg+F und öffnet das Suchfeld vieler Programme. Nach Druck auf F4 (bzw. alternativ F6) springt der Cursor in die Adresszeile des Internet Explorers bzw. von Edge, sodass man sofort eine Adresse oder eine Suchanfrage eintippen kann. Die Kombination Alt+F4 schließt das aktuelle Programmfenster, entspricht also dem Klick auf das rote Feld mit dem X in der rechten oberen Ecke.

Aktualisieren, abgesichert starten

Mit F5 lädt man die aufgerufene Seite im Browser neu, um die Ansicht zu aktualisieren. F8 benötigt man, um Windows im Zuge eines Neustarts in den „abgesicherten Modus" zu schalten, um Computerprobleme beheben zu können. Mit F11 wechselt man im Browser in den Vollbildmodus und zurück.

F7, F9, F10, F12 individuell belegbar

Die übrigen Funktionstasten sind entweder gar nicht oder vom Computerhersteller individuell belegt. Sie können sie personalisiert nutzen, z.B. um ein bestimmtes Programm auf Knopfdruck zu starten. Klicken Sie dazu unter Windows 7 rechts auf den Programmeintrag unter >>Start<< bzw. ziehen Sie ab Windows 8 das Programmsymbol auf den Desktop, um eine Verknüpfung zu erstellen, und führen Sie darauf dann einen Rechtsklick aus. Im jeweils sich öffnenden Menüfenster gehen Sie auf >>Eigenschaften/Verknüpfung<< und klicken in das Textfeld „Tastenkombination". Drücken Sie nun die gewünschte Funktionstaste und bestätigen Sie mit >>Übernehmen/OK<<.

Programmfenster anpassen

Die drei Schaltflächen >>Minimieren<<, >>Verkleinern/Maximieren<<, >>Schließen<< im rechten oberen Eck der Windows-Programmfenster sind bekannt. Und wohl auch die Möglichkeit, Fenster durch das Festhalten der oberen Fensterleiste mit der Kombination Mauszeiger+linke Maustaste beliebig zu verschieben.

Andocken

Seit Windows 7 gelangen Sie außerdem automatisch zur Vollbildansicht, indem Sie ein Fenster am oberen Bildschirmrand andocken. Analog dazu funktioniert dies mit dem linken und rechten Bildschirmrand und einer halbseitigen Darstellung. In allen Fällen kehren Sie durch Lösen des Fensters vom oberen Bildschirmrand zur Ausgangsgröße zurück.

Ziehen und schieben

Stufenlos verändern können Sie Fenster, indem Sie den Mauszeiger an beliebiger Stelle genau auf den Rand stellen, wo er sich in einen Doppelpfeil verwandelt. Dann greifen sie mit der linken Maustaste zu und ziehen oder schieben, um horizontale, vertikale und diagonale Größenänderungen vorzunehmen.

Bedienung per Tastaturbefehl

Bei kleinen Computern oder wenn man auf die Bedienung ohne Maus angewiesen ist, gestaltet sich das Ändern oder Verschieben von Programmfenstern allerdings umständlich. Aber es wäre nicht Windows, wenn es nicht auch passende Shortcuts, also Tastaturbefehle gäbe. Halten Sie die Taste Alt gedrückt und tippen Sie auf die Leertaste.

Mit den Pfeiltasten steuern

Links oben erscheint ein Fenster mit zwei Optionen: >>Verschieben<< und >>Größe ändern<<. Wählen Sie per Mauszeiger oder der Kombination Pfeiltaste + Eingabetaste. Nun können Sie mithilfe der Pfeiltasten die gewünschten Änderungen am aktiven Fenster vornehmen. Vermeiden Sie es, die Maus oder das Touchpad zu berühren, dies wirkt sich sofort auf das Fenster aus. Betätigen Sie zum Abschluss die Eingabetaste. Die geschilderte Vorgangsweise funktioniert nicht, wenn sich ein Fenster in der Vollbildansicht befindet.

Sperrbildschirm aufrufen

Üblicherweise sind Windows-Computer so konfiguriert, dass nach einer bestimmten Zeit der Inaktivität der Sperrbildschirm erscheint und Sie erst nach neuerlicher Eingabe Ihres Kennworts weiterarbeiten können. Dies ist sinnvoll, um die unbefugte Benutzung durch Dritte zu unterbinden.

Umständliche Aktivierung

Gezielt aktivieren lässt sich der Sperrbildschirm durch Klick auf >>Start/(Pfeil neben) Herunterfahren/Sperren<<. Unter Windows 8.1 ist es noch etwas komplizierter geworden: Hier müssen Sie – falls Sie sich nicht in der Kachel- sondern in der Desktopansicht befinden – mittels Windows-Taste oder Klick auf das Windows-Symbol links unten zur Kachelansicht wechseln, danach rechts oben auf Ihr Profilbild klicken und dort den Computer sperren. Unter Windows 10 befindet sich diese Schaltfläche im Startmenü links, wenn Sie auf Ihr Benutzerkonto bzw. Profilbild klicken.

„Abmelden" schließt alle Programme

Mit der Option >>Abmelden<< gelangen Sie zwar auch zum Ziel, hier werden aber zuvor sämtliche Programme geschlossen, während >>Sperren<< nach der Wiederanmeldung das sofortige Weiterarbeiten in den geöffneten Programmfenstern ermöglicht.

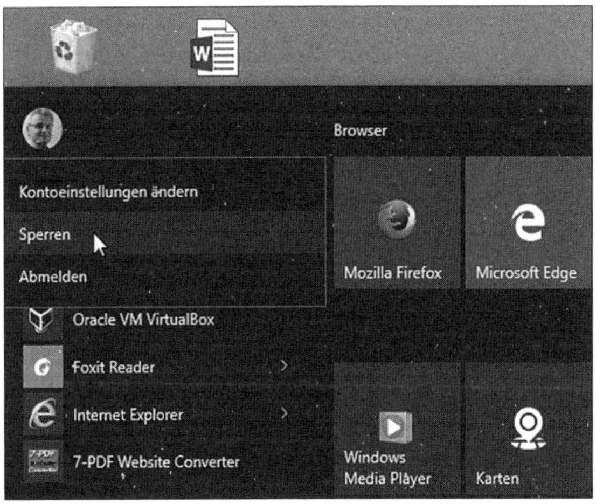

Direkt zum Ziel

Um das Aufrufen des Sperrbildschirms zu beschleunigen, können Sie alternativ die Tastenkombination Windows-Taste+L betätigen. Dadurch sperren Sie in allen Windows-Versionen den Computer ohne weiteren Umweg.

Mauszeiger für Linkshänder

Es ist keine eigene Anschaffung nötig. Jede Computermaus lässt sich für Linkshänder einrichten, indem die linke und die rechte Maustaste vertauscht werden.

Primäre und sekundäre Taste

Dazu gehen Sie über >>(Start)/Systemsteuerung/Hardware und Sound<< zu den Einstellungen für die Maus (aufgelistet unter „Geräte und Drucker"). Im neuen Fenster aktivieren Sie unter dem Karteireiter >>Tasten<< die Option „Primäre und sekundäre Taste umschalten".

Die Pfeilspitze weist nach links

Nun können Sie zwar mit der rechten Maustaste den Doppelklick ausführen, doch der Mauszeiger (Cursor) weist weiterhin mit der Pfeilspitze nach links, was von Linkshändern oft als irritierend empfunden wird. Um dies zu ändern rufen Sie in Ihrem Browser folgende Internetadresse auf: www.stanback.net/code/bits/. Auf dieser englischsprachigen Seite finden Sie die Möglichkeit, „left-handed cursors" herunterzuladen. Wählen Sie die Windows-Version.

Alle extrahieren

Dabei handelt es sich um eine komprimierte Zip-Datei (► Seite 46) namens „LeftyCursors". Nach dem Download öffnen Sie diese mittels Doppelklick und entpacken sie durch Klick auf >>Alle extrahieren<<. Nun sehen Sie, dass der Ordner eine Auswahl an Mauszeigern enthält. Diese Dateien markieren Sie (► Seite 21) und verschieben sie in den Ordner >>C:\Windows\Cursors<<.

Den passenden Mauszeiger auswählen

Der nächste Schritt ist die Rückkehr zu den Maus-Einstellungen. Unter dem Reiter >>Zeiger<< wählen Sie im Fenster „Anpassen" zunächst >>Normale Auswahl<< und dann >>Durchsuchen<<. Nun können Sie aus dem „Cursors"-Ordner das passende Modell auswählen. Dies können Sie in Folge auch für die meisten anderen aufgelisteten Funktionen durchführen. Was in der Sammlung bisher leider noch fehlt, ist eine linke Hand mit gestrecktem Zeigefinger für die Auswahl interner Verknüpfungen sowie Hyperlinks.

Virtuelle Bildschirme

Apple-User sind es gewohnt, mit mehreren virtuellen Bildschirmen zu arbeiten, zwischen denen sie beliebig hin- und herschalten können, Microsoft hat bei Windows 10 nachgezogen (siehe unten). Dies bietet bei mehreren geöffneten Programmen eine bessere Übersicht auf dem Desktop. Mit etwas weniger Möglichkeiten versehen, aber trotzdem praktisch, ist das von Microsoft bereitgestellte Programm „Desktops 2.0" (https://technet.microsoft.com/de-de/sysinternals/cc817881) für Windows 7 und 8.

Shortcuts festlegen

Nach dem Installieren der heruntergeladenen Datei (Klick auf >>Alle Dateien extrahieren<< im Explorer), starten Sie mittels Doppelklick das Programm, legen fest, mithilfe welcher Tasten Sie zwischen den virtuellen Bildschirmen wechseln möchten (Standard ist Alt+1,2,3,4), und ob das Programm beim Anmelden auf Ihrem Benutzerkonto automatisch gestartet werden soll.

Wechsel zwischen Bildschirmen

Das Wechseln zwischen den Bildschirmen ist weiters mit Alt+Tabulatortaste möglich. Und im so genannten System Tray, das ist die rechte Seite des Balkens am unteren Bildschirmrand, finden Sie das aus vier Fenstern zusammengesetzte, blaue quadratische Symbol von „Desktops". Ein Linksklick darauf öffnet eine kleine Vorschau, auf der Sie durch einen weiteren Mausklick zum gewünschten Bildschirm gelangen. Mittels Rechtsklick auf das Symbol öffnen Sie die Programmoptionen.

Unter Windows 10 bereits integriert

Mittels Windowstaste+Tabulatortaste öffnet sich eine Übersicht aller aktiven Fenster. Rechts unten lassen sich beliebig viele neue virtuelle Bildschirme hinzufügen. Programm-Fenster können Sie in dieser Ansicht nun auf die unterschiedlichen Bildschirme verschieben. Halten Sie Windowstaste+Strg gedrückt, können Sie mit der rechten und linken Pfeiltaste zwischen den Bildschirmen wechseln. Legen Sie den Mauszeiger auf die Miniaturen, erscheint eine Übersicht der darauf befindlichen Fenster.

Dateiverwaltung und praktische Extras

Daten sichern, wiederherstellen und den Überblick behalten – so läuft alles rund, selbst wenn einmal etwas schief geht.

WLAN-Empfang überprüfen

Speziell im urbanen Raum kann es sein, dass das Surfen über WLAN nicht so flüssig läuft wie gewünscht. Einer der Gründe ist, dass WLAN-Routern lediglich 13 Sendekanäle zur Verfügung stehen und sich nur bei 3 davon (1, 6 und 11) die Frequenzbereiche nicht überlappen. Störungen sind somit vorprogrammiert.

Manuelle Festlegung des Kanals

Standardmäßig suchen sich die Router automatisch den besten Kanal; allerdings führen sie in der Folge nur dann einen Kanalwechsel durch, wenn sie aus- und wieder eingeschaltet werden. Die manuelle Festlegung auf einen Kanal kann sinnvoll sein.

Homedale herunterladen

Unter Windows laden Sie zunächst das kostenlose Tool „Homedale WLAN Monitor" von http://thesz.diecru.eu herunter. Für ältere Systeme eignet sich alternativ das Programm „WirelessNetView" von www.nirsoft.net. Wenn Sie das Programm öffnen, werden alle WLAN-Netze in der Umgebung aufgelistet.

Je näher bei 0, desto besser

In beiden Programmen können Sie unter anderem die Signalstärke (RSSI) und den Kanal ablesen. Die Signalstärke ist umso besser, je näher sie bei null liegt. Im Bereich von – 50 bis – 30 können Sie mehr als zufrieden sein, bei – 70 bis – 60 ist sie in Ordnung, überschreitet sie – 80, dann ist sie hingegen weniger berauschend.

Mehrere Kanäle ausprobieren und Netztest durchführen

Grundsätzlich empfiehlt sich die Wahl eines der oben genannten Kanäle. Wenn diese schon mehrfach belegt sind, sollten Sie einen wählen, der von WLANs mit geringer Signalstärke verwendet wird und dabei von den Kanälen 1, 6 und 11 immer wenigstens zwei Kanäle entfernt ist (d.h. konkret kommen 3, 4, 8, 9 und 13 infrage). Sinnvoll ist es, mehrere auszuprobieren und dabei nicht nur die Werte abzulesen, sondern auch mehrmals den RTR-Netztest durchzuführen (www.netztest.at), der Auskunft über die Down- und Uploadgeschwindigkeiten gibt. So gelangen Sie zu einem aussagekräftigen Durchschnittswert.

Backups: Regelmäßige Sicherungskopien

Wer seine Daten nicht regelmäßig zumindest auf einem weiteren Datenträger sichert, sollte sich dies unbedingt angewöhnen. Denn unerwartet und jederzeit kann es passieren, dass der Systemdatenträger – also die Festplatte oder SSD – seinen Geist aufgibt oder sich eine schädliche Software darauf eingeschlichen hat. Ebenfalls nicht auszuschließen ist, dass man versehentlich selbst wertvolle Daten unwiederbringlich von seinem Systemdatenträger löscht.

Dateiversionsverlauf

Seit Windows 8.1 kann man mit dem Dateiversionsverlauf automatisch verschiedene zeitliche Zustände der vorhandenen Daten im eigenen Benutzerverzeichnis (C:/Benutzer/[Accountname]) speichern. Somit kann man in die Zeit zurückreisen und alte Versionen oder gar gelöschte Dateien wiederherstellen. Besonders bei Dateien, die sich häufig ändern, wie bearbeitete Word-Dokumente oder PowerPoint-Präsentationen, kann sich dies als äußerst nützlich erweisen. Die Sicherung sollte natürlich auf einem anderen Datenträger erfolgen, etwa einer externen USB-Festplatte. Die Konfiguration erfolgt unter >>Systemsteuerung/System und Sicherheit/Dateiversionsverlauf<<.

Systemabbild erstellen

Diese Form der Sicherung erstellt ein vollständiges Abbild der Festplatte zum aktuellen Zeitpunkt. So kann das komplette System inklusiver aller installierten Anwendungen und natürlich der eigenen Dokumente in dieser Momentaufnahme gesichert werden und man kann im Falle eines drastischen Problems schnell darauf zurückgreifen. Daher sollte man solch eine Systemabbild-Sicherung möglichst direkt nach der Einrichtung von Windows 10 und aller Anwendungen durchführen (und ein- bis zweimal im Jahr wiederholen). Bei dieser Form der Sicherung ist es jedoch nicht möglich, einzelne Elemente für die Wiederherstellung auszuwählen. Zu finden ist diese Windows-Sicherung unter >>Systemsteuerung/System und Sicherheit/Sichern und Wiederherstellen (Windows 7)<<. Wie der Name verrät, gibt es diese Option bereits unter Windows 7.

Systemreparaturdatenträger erstellen

Darüber hinaus gibt es auch die Möglichkeit einen sogenannten Systemreparaturdatenträger zu erstellen. Diese Funktion erzeugt ein startfähiges Medium in Form einer CD oder DVD, welche bei schwerwiegenden Systemfehlern Hilfe leistet. Es werden jedoch keine eigenen Dateien und Programme darauf gesichert, sondern lediglich Systemwerkzeuge bereitgestellt, mit denen man ein bereits vorhandenes Systemabbild öffnen kann, wenn das eigentliche System überhaupt nicht mehr startet.

Wiederherstellungspunkte

Wie in vorherigen Windows-Versionen lassen sich auch unter Windows 10 Wiederherstellungspunkte erstellen, die den Status der Registrierungseinstellungen des PCs beinhalten. Zu finden unter >>Systemsteuerung/System und Sicherheit/Sicherheit und Wartung<<. Hierbei werden System- und Konfigurationsdateien behalten, um beispielsweise bei fehlgeschlagenen Treiber- oder Softwareinstallationen wieder auf einen früheren Zustand zurückzukehren, in dem das System noch fehlerfrei lauffähig war. Eine Systemwiederherstellung nimmt keinerlei Veränderungen an Ihren persönlichen Dateien vor und dient einzig dazu, die Systemkonfiguration zu reparieren. Trotzdem können auch diese Wiederherstellungspunkte unbemerkt Speicher verbrauchen und über die Datenträgerbereinigung reduziert werden (► Seite 34). Bei Verwendung der dort befindlichen Option >>Systemdateien bereinigen<< erscheint ein neuer Reiter >>Weitere Optionen<<, in welchem die Wiederherstellungspunkte bereinigt werden können.

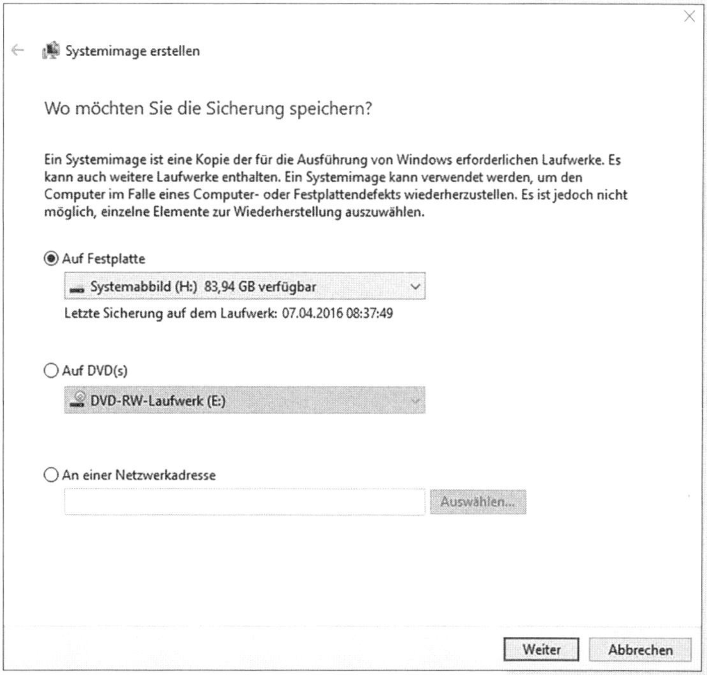

Datenträgerbereinigung: Speicherplatz freigeben

Mit der in Windows integrierten Datenträgerbereinigung kann man oft mehrere Gigabyte Speicherplatz auf der Festplatte freischaufeln.

Sammlung von Datenmüll

Im Laufe eines Computerlebens sammeln sich allerhand Daten auf der Festplatte an, die zwar vorübergehend ihren Zweck erfüllen, danach aber als nutzloser Datenmüll wertvollen Speicherplatz blockieren. Während Sie nicht mehr benötigte Dateien, E-Mails oder Software-Installationsdateien (Endung: .exe) durch einfaches Löschen in den Papierkorb befördern können (das abschließende Entleeren nicht vergessen!), kommt man an den erwähnten Datenmüll meist nicht so einfach heran. Microsoft hat deshalb in seine Windows-Betriebssysteme die Datenträgerbereinigung integriert.

Datenträgerbereinigung aufrufen

- Unter Windows 7 befindet sich die Datenträgerbereinigung unter >>Systemsteuerung/System und Sicherheit/(Verwaltung:) Speicherplatz freigeben<<.
- Bei Windows 8.1 unter >>Systemsteuerung/System und Sicherheit/ Verwaltung/Datenträgerbereinigung<<.
- Unter Windows 10 finden Sie diese unter >>Start/(Alle Apps)/ Windows-Verwaltungsprogramme<<.

Vorschlag ohne Risiko

Nun startet ein Assistent, der Daten auf der Festplatte aufspürt und dafür eventuell einige Minuten benötigt. Danach öffnet sich wiederum ein Fenster mit einer Auswahlliste potenzieller Löschkandidaten inklusive Volumenangaben. Diese Auswahl versteht sich als Vorschlag, wobei Sie aber keine Angst zu haben brauchen, hier irrtümlich systemrelevante Dateien zu löschen.

Systemdateien mit einschließen

Klicken Sie – bevor Sie etwas anderes unternehmen – auf die Schaltfläche >>Systemdateien bereinigen<<. Nun startet ein neuerlicher Suchlauf, der einige Zeit in Anspruch nehmen kann und der bestehenden Liste weitere Einträge hinzufügt. Eine sinnvolle Zusatzfunktion, denn die Überbleibsel der häufigen und teils sehr umfangreichen Windows-Updates belegen im Laufe der Jahre unverhältnismäßig viel Speicherplatz.

Reste beseitigen

Der nächste Schritt ist nun das Anhaken und anschließende Beseitigen vor allem jener Daten, die mehrere hundert Megabyte ausmachen oder sich sogar im Gigabyte-Bereich bewegen. Dazu gehören – neben den Windows-Updates – temporäre Dateien, die temporären Internetdateien, die Systemfehler-Speicherabbilddateien, die Windows-Fehlerberichterstattungsdateien, die Debug-Speicherabbilddateien und die Protokolldateien für Windows-Upgrades.

Wichtig nur bei aktuellen Problemen

Systemfehler-, Fehlerberichterstattungs- und Protokolldateien sollten Sie lediglich dann aufheben, wenn in jüngster Zeit – etwa nach einer Programminstallation oder einem Update – akute Probleme aufgetreten sind. Dann können diese automatischen Aufzeichnungen Fachleuten nämlich wichtige Informationen über die Fehlerursachen liefern. Bei einem stabil laufenden System können Sie sie ruhig z.B. im Jahresabstand löschen. Klicken Sie nach getätigter Auswahl einfach auf die Schaltfläche >>OK<<. Das Bereinigen kann etliche Minuten in Anspruch nehmen.

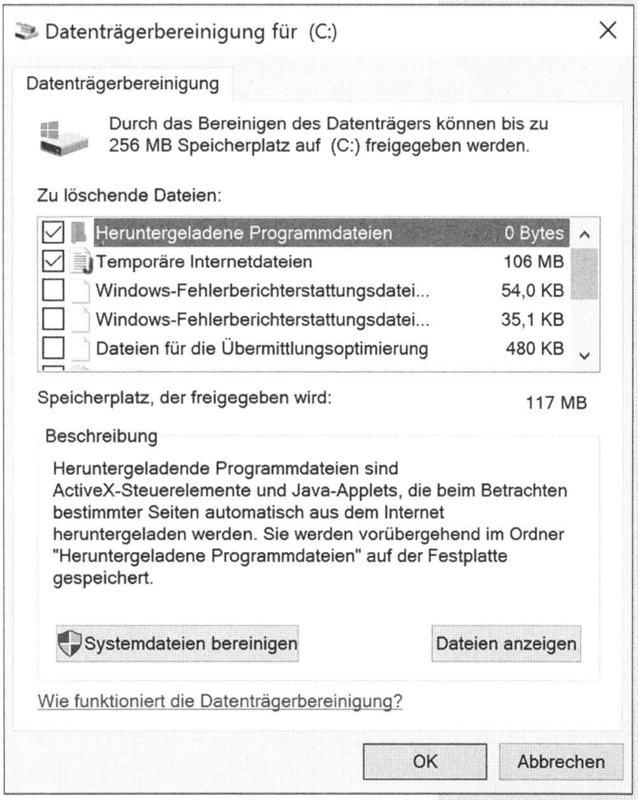

Laufwerke defragmentieren und optimieren

Neben der Datenträgerbereinigung, bei der unnötige Dateien gelöscht werden, fällt auch öfters der Begriff der sogenannten „Defragmentierung". Dabei handelt es sich um eine Maßnahme, bei der Blöcke von zusammengehörigen Daten, die zuvor über die gesamte Festplatte verteilt waren, in einer Weise neu angeordnet werden, dass schneller auf sie zugegriffen werden kann. Dies erhöht die Arbeitsgeschwindigkeit des Computers und ist daher grundsätzlich sinnvoll.

Durchführung nach Zeitplan

An sich ist es nicht notwendig, sich um die Defragmentierung zu kümmern, allerdings sollten Sie sich davon überzeugen, dass die automatische Defragmentierung laut Zeitplan aktiviert ist (sinnvoll ist einmal wöchentlich). Sollte dies nicht der Fall sein und der PC einen hohen Fragmentierungsgrad der Festplatte(n) anzeigen, empfiehlt es sich, die erste Defragmentierung manuell zu starten, da diese beträchtliche Zeit in Anspruch nehmen kann. Natürlich ist es auch möglich, die Defragmentierung immer manuell durchzuführen, nur sollten Sie dann regelmäßig daran denken.

Die Einstellungen finden

- Unter Windows 7 befindet sich die Defragmentierungsoption unter >>Systemsteuerung/System und Sicherheit/(Verwaltung:) Festplatte defragmentieren<<.
- Bei Windows 8.1 unter >>Systemsteuerung/System und Sicherheit/ Verwaltung/Festplatte defragmentieren und optimieren<<.
- Unter Windows 10 findet man dies über >>Start/(Alle Apps)/ Windows-Verwaltungsprogramme/Laufwerke defragmentieren und optimieren<<.

Ausnahme bei Solid-State-Laufwerken

Bei Verwendung einer Solid-State-Disk (kurz SSD), also eines Speichermediums ohne bewegliche Teile als Systemdatenträger, ist diese Optimierung hinfällig. Die Positionierung von Leseköpfen betrifft nur herkömmliche Festplattenlaufwerke (englisch: Hard Disk Drive, Abkürzung

HDD). Genaugenommen kann eine Defragmentierung auf einer SSD mehr Schaden als Nutzen anrichten, da unnötige Schreibzugriffe die Lebensdauer des Flash-Speichers verkürzen. Windows 8.1 und 10 erkennen in der Regel, welcher Typ in Verwendung ist und deaktivieren die Defragmentierung von selbst.

Retrimming

Für SSDs wird stattdessen ein anderes Optimierungsverfahren angewendet – das sogenannte Retrimming. Dieses stellt sicher, dass nichtbelegte Speicherbereiche ordnungsgemäß freigegeben werden. Die voreingestellte automatische Optimierung kann daher getrost beibehalten werden. Gefahr ist nur dann im Verzug, wenn die SSD in der Spalte „Medientyp" nicht als Solid-State-Laufwerk erkannt wird.

Deaktivierung bei Festplattentausch

Natürlich gibt es den Fall, dass man z.B. unter Windows 7 die ursprüngliche, herkömmliche Festplatte gegen eine neue SSD austauscht, um die Leistung des Computers zu erhöhen. Dann sollten Sie den Zeitplan für eine automatische Defragmentierung am besten manuell deaktivieren. Unter der Option >>Zeitplan konfigurieren...<< lässt sich das Häkchen bei „Ausführung nach Zeitplan" einfach entfernen und die automatische Defragmentierung somit ausschalten.

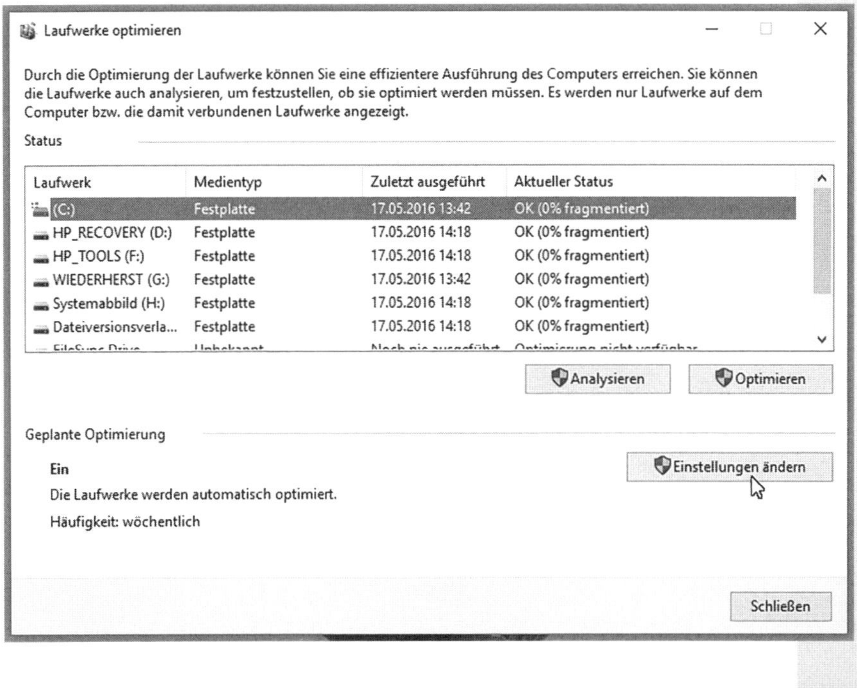

Gelöschte Dateien wiederherstellen

Auch wenn Sie eine Datei endgültig gelöscht oder überschrieben haben, besteht noch die Chance, sie wiederherzustellen. Bitte beachten Sie in diesem Zusammenhang auch die Tipps zur Software Recuva auf ► Seite 40 sowie zu den Backup-Optionen auf ► Seite 32.

Zurück aus dem Papierkorb

Das irrtümliche Löschen einer Datei oder eines Ordners von der Computerfestplatte war unter Windows noch nie eine wirkliche Katastrophe. Was gelöscht wird, verbleibt automatisch im Papierkorb (► Seite 41) und kann von dort durch einen Klick an den ursprünglichen Platz zurückgeholt werden (alle Elemente bzw. die markierten Elemente wiederherstellen).

Dateien bleiben unsichtbar gespeichert

Allerdings sollte der Papierkorb von Zeit zu Zeit geleert werden, um Speicherplatz zu sparen, und dann sind die dort enthaltenen Elemente scheinbar endgültig verloren. Dies stimmt allerdings nur bedingt, denn tatsächlich bleiben die Informationen unsichtbar auf der Festplatte erhalten. Brauchte man unter früheren Windows-Versionen spezielle Software und Fachwissen dazu, genügen mittlerweile ein paar Klicks, um die gelöschte Datei hervorzuzaubern.

Wiederherstellungspunkte

Windows setzt nämlich in der Regel einmal täglich automatisch so genannte Wiederherstellungspunkte, die es ermöglichen, den Computer in einen früheren Zustand zurückzuversetzen. Das macht z.B. dann Sinn, wenn eine Programminstallation fehlgeschlagen ist. Haben Sie eine Datei oder einen Ordner aus dem Papierkorb entfernt oder die korrekte Version irrtümlich durch Speichern überschrieben, dann öffnen Sie den Windows Explorer und markieren mittels Rechtsklick jenen Ordner, der die Datei ursprünglich enthalten hat.

Wiederherstellen am ursprünglichen Speicherplatz

Nun wählen Sie aus dem Menü den Eintrag >>Vorgängerversionen wiederherstellen<< (Anmerkung: dies funktioniert nicht mit den „Bibliotheken", weil diese keine klassischen Ordner sind, aber sehr wohl mit deren Inhalt). In einer Liste (unter dem entsprechenden Karteireiter) finden Sie nach Wiederherstellungszeitpunkt gereiht den betreffenden Ordner. Wählen Sie den aktuellsten Eintrag. Klicken Sie auf >>Öffnen<<, um dessen Inhalt anzusehen, auf >>Kopieren<<, um den gesamten Ordner an eine andere Stelle auf dem Computer zu kopieren, oder auf >>Wiederherstellen<<, um den kompletten Ordner an seinem alten Platz wiederherzustellen. Achtung! Sollten Sie lediglich eine einzelne Datei aus diesem Ordner gelöscht oder überschrieben haben, wird mit >>Wiederherstellen<< trotzdem der komplette aktuelle Ordner überschrieben. Verwenden Sie letztere Option also mit Vorsicht.

Einzelne Dateien auf Desktop ziehen und ansehen

Im Fall einzelner wiederherzustellender Dateien ist es sinnvoller, den Ordner zu öffnen und die betreffende Datei mithilfe des Mauszeigers z.B. auf den Desktop zu ziehen. Dort können Sie sie dann in Ruhe ansehen und durch Verschieben oder den Befehl >>Speichern unter<< auf ihren alten Platz zurückkopieren.

Weitere Festplatten miteinbeziehen

Die Wiederherstellung ist nur für die Systemfestplatte automatisch aktiviert. Möchten Sie weitere Festplatten mit einbeziehen, dann tun Sie dies unter >>Start/Systemsteuerung/System und Sicherheit/System/Computerschutz/Konfigurieren<<. Hier genügt das Markieren der Option „Nur vorherige Dateiversionen wiederherstellen".

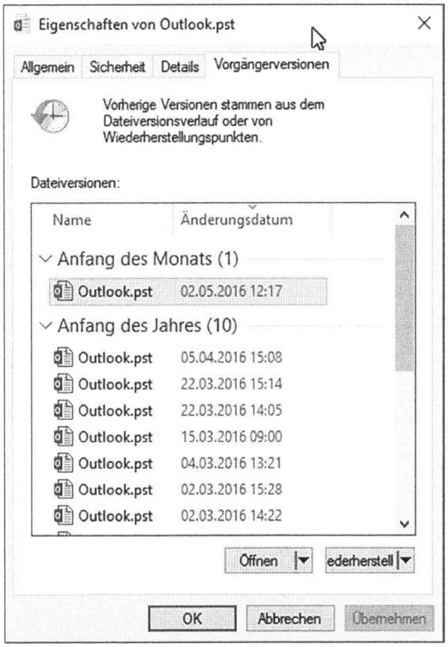

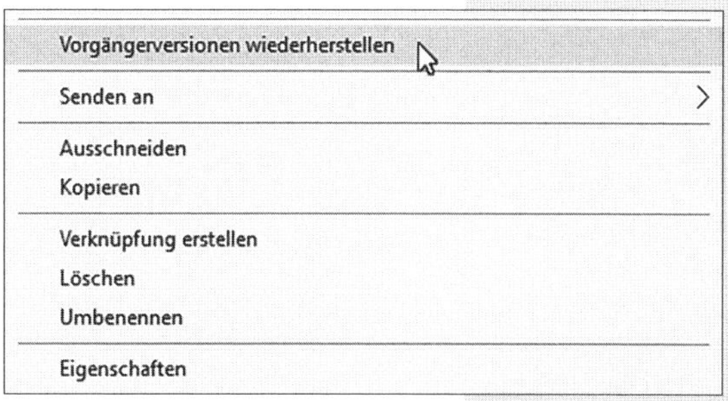

Datenrettung: Recuva

Zerkratzte CDs/DVDs oder fehlerhafte USB-Sticks, Speicherkarten und Festplatten oder irrtümliches Löschen müssen nicht in jedem Fall einen vollständigen Datenverlust bedeuten (siehe auch ► Seite 38). Auch wenn das Laufwerk bzw. der Computer den Datenträger nicht mehr lesen kann, besteht eine Chance, die Katastrophe zumindest einzudämmen.

Programm zur Datenrettung

Tools zur Datenrettung gibt es viele. Ein Helfer in der Not heißt Recuva und kann in seiner Basisversion kostenlos unter www.piriform.com/recuva heruntergeladen werden. Selbst nach einer Schnellformatierung des Datenträgers können die Dateien damit wiederhergestellt werden. Deaktivieren Sie während der Installation im Fenster des Installationsassistenten das Mitinstallieren der Software CCleaner (► Seite 15), außer Sie möchten dieses Programm ebenfalls auf Ihrem Computer verwenden.

Beschädigte Dateien gescannt

Recuva ist mit einem praktischen Assistenten ausgestattet, der für weniger erfahrene Benutzer hilfreich sein kann. Das Programm kopiert im Zuge der Datenrettung den Inhalt des fehlerhaften Mediums an einen vordefinierbaren Ort. Recuva scannt gezielt auch beschädigte Dateien und gibt – anders als im Normalfall üblich – erst nach mehreren erfolglosen Versuchen auf.

Zumindest einen Teil der Daten retten

In diesem Fall wird die beschädigte Datei übersprungen und die restlichen, lesbaren Dateien werden kopiert. So besteht die reelle Chance, dass Sie zumindest einen Teil Ihrer Daten wiederbekommen.

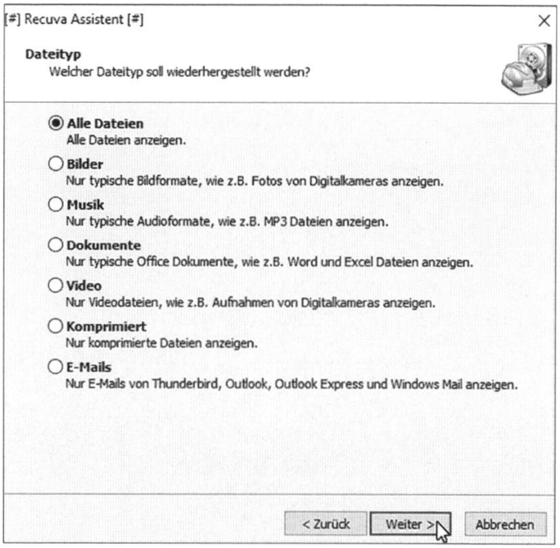

Papierkorb verwalten

Stellen Sie den Mauszeiger auf das Papierkorbsymbol und klicken Sie rechts, dann öffnet sich ein Menüfenster, in dem Sie mit der linken Maustaste die Option >>Eigenschaften<< wählen.

Größe begrenzen

Dort können Sie z.B. die maximale Größe des Papierkorbs festlegen. Je größer der Papierkorb, desto länger bleiben die gelöschten Dateien noch auf der Festplatte und können bei Bedarf wieder an ihren ursprünglichen Platz gestellt werden (Doppelklick auf den Papierkorb, Dateien auswählen und auf >>Element wiederherstellen<< klicken).

Gelöschte Dateien

Ist das gesetzte Limit erreicht, werden die älteren Elemente sukzessive gelöscht, sobald neue hinzukommen. Sind Sie hingegen ganz sicher bei dem, was Sie tun, dann können Sie die Einstellungen dahingehend ändern, dass gelöschte Dateien gar nicht erst im Papierkorb landen. Und Sie können das zwischengeschaltete Fenster mit der Sicherheitsabfrage „Möchten Sie die Datei wirklich in den Papierkorb verschieben?" deaktivieren.

Papierkorb ein- und ausblenden

Über >>Start/Systemsteuerung/Darstellung und Anpassung/Anpassung/Desktopsymbole ändern<< (in der linken Liste) können Sie den Papierkorb ausblenden. Unter Windows 10 ist dies auch über >>Start/Einstellungen/Personalisierung/Designs/Desktopsymboleinstellungen<< zu erreichen.

Papierkorbsymbol im Windows-Explorer

Umgekehrt kann das Papierkorbsymbol im Windows-Explorer via >>Extras/Ordneroptionen/Allgemein<< (unter Windows 7 und 8 zuvor die Alt-Taste drücken) und Haken bei der Option „Alle Ordner anzeigen" eingeblendet werden. So können Sie direkt im Fenster des Windows-Explorers mithilfe der Maus Dateien in den Papierkorb befördern.

Versteckt in Windows 10

Unter Windows 10 ist diese Einstellung etwas versteckter, nämlich unter >>Windows-Explorer/Ansicht/Optionen/Ansicht/(Erweiterte Einstellungen/Navigationsbereich)/Alle Ordner anzeigen<< zu finden.

Festplatte im Überblick mit WinDirStat

Die kostenlose Software „WinDirStat" zeigt auf, welche Dateien und Ordner den meisten Speicherplatz benötigen.

Was braucht den meisten Speicher?

Im Laufe der Jahre können auch große Festplatten ans Ende ihrer Kapazität stoßen. Oft hat man ja in der Zwischenzeit bereits vergessen, was man so alles an Daten auf dem PC gespeichert hat. Die englischsprachige Freeware „WinDirStat" ist ein hilfreiches Werkzeug, das die Festplatte analysiert und in übersichtlicher Form die vorhandenen Ordner und Dateien entsprechend ihrer Größe auflistet. Zusätzlich wird der Prozentsatz angegeben, den sie vom Gesamtvolumen der Festplatte einnehmen.

Download

Allgemeine Informationen finden Sie auf http://windirstat.info. Der Downloadlink in der linken Spalte listet mehrere Downloadmöglichkeiten auf. Das bedeutet nur, dass der Softwareentwickler den Service eines Downloadanbieters nutzt. Klicken Sie auf den oben prominent präsentierten Anbieter FossHub. Sie landen dadurch auf www.fosshub.com/WinDirStat.html. Bitte klicken Sie unterhalb des Werbebanners auf den kleinen Link namens >>Download WinDirStat Windows Installer<<.

Bedienung der Software

Nach dem Programmstart müssen Sie ein paar Minuten Geduld haben, bis in einem zweiten Fenster die den Ordnern zugeordneten Festplattensektoren grafisch dargestellt werden. Wenn Sie einen Ordner anklicken, erscheint an jener Stelle, die er auf der Festplatte einnimmt, ein weißes Rechteck. Mittels Rechtsklick in dieses Rechteck und Linksklick auf >>Explore here<< gelangen Sie direkt zum Ordner und können sich darin umschauen. Zusätzlich hat WinDirStat eine Löschfunktion integriert. Wenn Sie sicher sind, dass Sie einen bestimmten Ordner nicht mehr benötigen, können Sie diesen direkt aus dem Programm heraus löschen.

Alternative SpaceSniffer

Eine ähnliche Freeware-Lösung, die grafisch etwas anders aufbereitet ist, findet sich auf www.uderzo.it/main_products/space_sniffer in Form des Programms „SpaceSniffer".

Windows-Suchfunktion erweitern

Die Windows Betriebssysteme haben mit Windows Search eine gut funktionierende Suche integriert (► Seite 18). Sie reagiert nicht zuletzt dank der automatischen Indizierung so rasch. Bereits bei der Ersteinrichtung des Computers wird die Festplatte gescannt und später wird nur noch aktualisiert. So kann Windows Search auf sein eigenes Inhaltsverzeichnis zurückgreifen.

Dateien auf externen Datenträgern

Die Standardeinstellungen der Indizierung sind in der Regel ausreichend, allerdings sind z.B. Daten, die sich auf einer externen Festplatte befinden, nicht inkludiert. Ein sinnvolles Anwendungsbeispiel dafür sind Fotos, Musikdateien und Videos, die aus Platzgründen auf einen externen Datenträger ausgelagert wurden, die Sie aber trotzdem weiterhin zentral verwalten möchten.

Indizierungsoptionen öffnen

Um die externe Festplatte bei der Suche einzuschließen, geben Sie unter >>Start<< einfach nur „ind" ins Suchfeld ein und schon erscheint der Treffer „Indizierungsoptionen". Klicken Sie einmal darauf und im neuen Fenster auf >>Ändern<<.

Auswahl der Orte

Wieder öffnet sich ein Fenster. In der oberen Hälfte finden Sie eine Liste jener „Orte" auf dem Computer, die bei der automatischen Indizierung berücksichtigt werden. Wie Sie sehen, ist es nicht die gesamte Festplatte, sondern wenn Sie auf das kleine Dreieck neben dem quadratischen Kästchen klicken, öffnet sich eine weitere Auswahl der jeweiligen Unterordner.

Externe Festplatte zuweisen

Genauso können Sie nun mit der externen Festplatte verfahren, die in der Liste aufscheint, sofern sie am PC hängt und eingeschaltet ist. Setzen Sie durch einfachen Linksklick einen Haken ins Kästchen vor dem Laufwerksnamen oder klicken Sie auf das Dreieck, um gezielt einzelne Ordner auf der externen Festplatte auszuwählen. Bestätigen Sie mit >>OK<< und danach mit >>Schließen<<. Ab sofort wird die Auswahl in die automatische Indizierung mit einbezogen.

Feste Laufwerksnamen vergeben

Unter den Windows-Betriebssystemen tragen alle Festplatten, DVD-Laufwerke und sonstigen Speichermedien einen Buchstaben als sogenannten Laufwerksnamen. Wobei C: traditionellerweise für die interne Festplatte reserviert ist, danach folgen – je nach Ausstattung des Computers – weitere Festplattenpartitionen, eingebaute DVD-Laufwerke sowie Kartenleser, die gleichfalls fix vergebene Bezeichnungen tragen (D:, E:, F:, G: etc.).

Variabler Laufwerksname bei externen Geräten

Bei den externen Geräten ist der Laufwerksname variabel. Bei Anschluss eines Speichermediums oder DVD-Laufwerks vergibt Windows automatisch jenen Buchstaben des Alphabets, der als nächster frei ist. Das kann bei wechselnder Verwendung mehrerer externer Geräte zur Verwirrung des Benutzers führen. Diese vermeiden Sie durch Vergabe eines frei wählbaren Namens für den Datenträger (>>Rechtsklick/Umbenennen<<), der unabhängig vom jeweils zugeteilten Laufwerksnamen bestehen bleibt.

Problem bei der Datensicherung

Problematischer wird es, wenn Sie z.B. ein Backup-Programm laufen haben, das automatisch auf einer bestimmten Festplatte eine Sicherung erstellt. Gibt Windows der Festplatte einen neuen Namen, so kann das Backup-Programm sie nicht mehr finden. Deshalb ist es sinnvoll, einer solchen Festplatte einen fixen Laufwerksnamen zuzuteilen, der möglichst am Ende des Alphabets liegt (X:, Y:, Z:).

So gehen Sie vor

- Windows 7: Eingabe des Stichworts „Computerverwaltung" ins Suchfeld unter >>Start<<. In der Trefferliste anklicken und danach im neuen Fenster auf >>Datenspeicher/Datenträgerverwaltung<< gehen.
- Windows 8.1 und 10: Mauszeiger in die linke untere Ecke des Bildschirms auf den Windows Start-Button stellen, Rechtsklick und im Menü Klick auf >>Datenträgerverwaltung<<. Nun wählen Sie in jedem Fall das gewünschte Laufwerk aus der Liste, führen einen Rechtsklick aus und finden dort die Option zur Umbenennung des Laufwerksbuchstabens.

Mehrere Dateien umbenennen

Mit dem Windows-Explorer können Sie mehreren Dateien auf einmal denselben Namen zuweisen. Die Nummerierung erfolgt automatisch.

Automatische Nummerierung

Vor allem im Fotobereich ist es sinnvoll und notwendig, gleich mehreren Fotos einen einheitlichen Dateinamen zuzuweisen, um sie einem Ereignis zuzuordnen. Üblicherweise erledigt man das bereits beim Import von der Kamera oder später mithilfe eines Bildverwaltungs- und/oder Bildbearbeitungsprogramms.

Dateien markieren + rechter Mausklick

Wenn es aber einmal schnell gehen muss oder es sich um eine andere Art von Dateien handelt, dann können Sie auch auf den Windows-Explorer zurückgreifen. Markieren Sie einfach mithilfe des Mauszeigers bei niedergedrückter Strg-Taste der Reihe nach all jene Dateien, die Sie umbenennen möchten (siehe auch ► Seite 21). Danach führen Sie auf der ersten Datei in der Reihe einen Rechtsklick aus und wählen aus dem Menü den Eintrag >>Umbenennen<<.

Fortlaufende Nummer hinzugefügt

Jetzt lassen Sie die Strg-Taste los und geben anstelle des vorhandenen Dateinamens den gewünschten ein. Nun drücken Sie nur noch die Enter-Taste und schon tragen die gewählten Dateien denselben Namen plus eine in Klammern angefügte fortlaufende Nummer.

Zip-komprimierte Ordner erstellen

Der E-Mail-Versand großer Dateien ist zeitaufwendig, nagt am eventuell limitierten Datenvolumen, belastet die Server des Providers und verstopft womöglich das E-Mail-Postfach des Empfängers. Das Komprimieren der Dateien, also die Reduktion der Gesamtdatenmenge, kann bis zu einem gewissen Grad Abhilfe schaffen.

In allen Windows-Betriebssystemen

Es handelt sich um eine Funktion, die in allen Windows-Betriebssystemen integriert ist und vor allem dann Sinn macht, wenn es sich um Word-, Excel- oder PowerPoint-Dateien handelt oder um unkomprimierte Fotos (z.B. im RAW-Format). Bei bereits komprimierten Formaten, wie den gängigen JPEG oder MP3, bringt eine weitere Kompression hingegen wenig. Diese funktioniert grundsätzlich in der Weise, dass mehrmals vorkommende identische Informationen zu einer einzigen zusammengefasst, später aber wieder voneinander getrennt werden, ohne dass Teile davon verloren gehen. Dadurch eignet sich die Kompression auch zum platzsparenden Archivieren von Daten auf der Festplatte.

So gehen Sie vor

Markieren Sie mit der linken Maustaste eine oder (durch zusätzliches Drücken der Umschalt- bzw. Strg-Taste) mehrere Dateien, klicken Sie nun mit der rechten Maustaste darauf und wählen Sie im Menü >>Senden an ... ZIP-komprimierter Ordner<<. Daraufhin wird ein neuer Ordner mit der Endung zip erstellt, der die komprimierten Dateien enthält und dessen Namen Sie beliebig ändern können. Ihre Originaldateien werden dabei nicht verändert.

„Alle Dateien extrahieren"

Zip leitet sich vom englischen „zipper" ab, was Reißverschluss bedeutet. Um den Reißverschluss des Ordners, in dem sich die „gezippten" Dateien befinden, wieder zu öffnen, klicken Sie zweimal mit der linken Maustaste darauf. In einem neuen Fenster werden die komprimierten Dateien angezeigt. Wählen Sie nun im Menü >>Alle Dateien extrahieren<<, geben Sie eventuell einen anderen Zielordner an und klicken Sie auf >>Extrahieren<<. Jetzt sind alle Dateien komplett wiederhergestellt.

Kompatibilität zwischen PC und Mac

Ein Teil der Kompatibilitätsprobleme zwischen Windows-PCs und Apple-Rechnern wird durch unterschiedliche Dateisysteme verursacht.

Verschiedene Sprachen

Die Computer sprechen, wenn man so möchte, unterschiedliche Sprachen namens NTFS (Windows) und HFS+ (OS X). Dies bewirkt unter anderem, dass am PC formatierte externe Festplatten bzw. USB-Sticks am Mac zwar gelesen, aber nicht beschrieben werden können. Umgekehrt scheitert man mit einem Mac-formatierten Datenträger am PC vollständig.

FAT bedingt nutzbar

Es gibt zwar auch das gemeinsam nutzbare, althergebrachte FAT-System, mit dem USB-Sticks und externe Festplatten oft immer noch ab Werk ausgeliefert werden. Es hat aber diverse Beschränkungen (z.B. eine maximale Dateigröße von 4 Gigabyte, was bei Videos Probleme machen kann) und löst nicht die Inkompatibilität mit den neuen Systemen, falls Sie z.B. mit dritten Personen Daten über eine USB-Festplatte austauschen möchten, die anders formatiert ist oder Sie beruflich einen PC und zu Hause einen Mac verwenden.

Lösungen für Windows

Für Windows gibt es als reine Lösung für das Lesen die Freeware HFS-Explorer (www.heise.de/download/hfsexplorer.html). Vollen Zugriff auf HFS+-Dateien erhalten Sie hingegen mit HFS+ für Windows 10 (www.paragon-software.com/de/home/hfs-windows), kompatibel mit allen aktuellen Windows-Versionen. Der Kaufpreis beträgt 20 Euro. Die Software ist zwar englischsprachig, aber nach der erstmaligen Installation tut sie im Hintergrund ihren Dienst, ohne weitere Schritte zu erfordern.

Lösungen für Mac OS X

Die Apple-Rechner bringen von Haus aus die Fähigkeit mit, die NTFS-Dateien von Windows zu lesen. Für den Vollzugriff gibt es die kostenlose Software FUSE for OS X (Download unter https://osxfuse.github.io; hier das unter „Stable Releases" angeführte Installationspaket wählen) oder von Paragon das für 20 Euro erhältliche NTFS für Mac (www.paragon-software.com/de/home/ntfs-mac).

Programmstarthelfer

Die Suche nach Programmen über das „Start"-Menü oder nach Dokumenten über den Windows-Explorer kann mit der Zeit unübersichtlich werden, weil die Computerfestplatte erfahrungsgemäß immer voller wird. Spezielle Software (auch „Launcher" genannt) erweist sich hier als hilfreich. Mit diesen praktischen Werkzeugen öffnen Sie Programme, Ordner und Dokumente schnell und ohne Umwege.

Integrierte Suche

Wobei man sagen muss, dass die in alle Betriebssysteme integrierte Suche unter Windows 10 (► Seite 18) so weit verbessert wurde, dass sie mittlerweile ebenfalls diesen Zweck erfüllen kann.

Liste von Vorschlägen

Ein Beispiel für einen Launcher ist jedenfalls „Launchy", kostenlos bzw. gegen eine freiwillige Spende erhältlich auf www.launchy.net. Nach der Installation indexiert das Programm die Festplatte. Betätigt man die Tastenkombination Alt+Leertaste (in den Einstellungen individuell anpassbar), wird auf dem Bildschirm ein kleines Fenster mit Textfeld eingeblendet. Tippen Sie z.B. „Explorer" ein, dann erscheint schon ab dem ersten Buchstaben eine Liste von Vorschlägen, welche Programme Sie damit meinen könnten. Wird das gewünschte angezeigt, dann genügt ein Druck auf die Eingabetaste, um es zu starten.

Gezielt nach Dateitypen suchen

In den Einstellungen können Sie durch Klick auf das Plus-Zeichen Ordner hinzufügen, deren Inhalt von „Launchy" ebenfalls überwacht werden soll, sodass Sie z.B. gezielt nach Dokumenten, Fotos oder Musikdateien suchen können. Im selben Fester haben Sie rechts die Möglichkeit, die Suche auf bestimmte Dateitypen einzuschränken, wie z.B. *.jpg (der Asterisk steht für „alle"). Oder Sie geben die Zeichenfolge *.* ein, dann werden grundsätzlich alle Dateitypen angezeigt, die sich im überwachten Ordner befinden. Aktivieren Sie auch die Option „Ordner einschließen", womit Sie die Unterordner inkludieren, und klicken Sie nach der Auswahl auf >>Katalog aktualisieren<<. Eine weitere kostenlose Alternative ist Keybreeze (http://keybreeze.com).

Wunderlist: Erinnerungen, To-do- und Einkaufsliste

Haben Sie genug von losen Notizzetteln, die unauffindbar in Hosen- und Jackentaschen verschwinden oder vom nächsten Windstoß verblasen werden? Wenn Sie sich auf das digitale Abenteuer einlassen möchten, dann kann eine elektronische To-do-Liste, wie z.B. Wunderlist, eine Alternative sein.

Kostenlose Funktionen ausreichend

Angebote gibt es grundsätzlich viele. Nur wenige bieten allerdings schon in der kostenlosen Version eine ausreichende Funktionsvielfalt für zahlreiche Smartphone- und Computer-Betriebssysteme samt weitgehend reibungsloser Synchronisation. Das ist praktisch, weil man z.B. Listen bequem am Computer erstellen kann und sie dann im Handumdrehen auch auf Smartphone und Tablet verfügbar hat.

Microsoft kaufte Wunderlist

Dazu kommt: Sollten Sie bereits über einen Microsoft-Account verfügen, können Sie Benutzernamen und Passwort gleich für Wunderlist verwenden. Microsoft hat nämlich Mitte 2015 die in Berlin ansässige Entwicklerfirma „6Wunderkinder" gekauft. Ironischerweise funktioniert ausgerechnet bei der Desktop-App für Windows 10 die Synchronisation am schlechtesten, d.h. oft mit Verzögerung. Aber immerhin: Sie funktioniert.

Erinnerung, Notiz, Einkaufsliste

Die Hauptaufgabe von Wunderlist ist es, Sie – auf Wunsch mittels Tonsignal oder Nachricht und zu einem festgelegten Zeitpunkt – an Dinge zu erinnern, die zu erledigen sind. Zu jedem Eintrag kann man zudem Teilaufgaben, Notizen und Dateien (Fotos, Scans, Dokumente) hinzufügen. Ein klassisches Anwendungsgebiet ist auch die Erstellung von Einkaufslisten. Das Teilen von Listen mit Familienmitgliedern, Freunden oder Kollegen zählt dann schon zu den weiter fortgeschrittenen Möglichkeiten.

Praktische Browser-Erweiterung

Ebenfalls interessant: Für Chrome, Firefox und Safari gibt es Browser-Erweiterungen, mit denen Sie Internetadressen mit nur zwei Klicks in Wunderlist abspeichern können.

Rainlendar: Kalender für den Desktop

Wer häufig am PC arbeitet, geht vermutlich irgendwann dazu über, auch seine Termine elektronisch zu verwalten. Die üblichen Lösungen sind in die E-Mail-Clients (Windows Live Mail, Outlook) integriert oder werden, wie der Google-Kalender, online angeboten. Auch alternative E-Mail-Clients, wie der Thunderbird, haben einen optionalen Kalender (Lightning) zu bieten.

Termine und Aufgaben jederzeit im Blick

Sie alle wirken jedoch in ihrer Funktionsvielfalt für weniger versierte User eher abschreckend und unübersichtlich. Der mit Windows 7 mitgelieferte Kalender wiederum, der sich unter den „Windows-Gadgets" befindet, bietet nicht mehr als eine Monatsübersicht.

Zwischen Funktionsvielfalt und Einfachheit

Eine praktische Lösung in der Mitte zwischen Funktionsvielfalt und Einfachheit ist der „Rainlendar", in seiner kostenlosen Version mit dem Zusatz „Lite". Der Download der deutschsprachigen Version ist z.B. unter http://rainlendar.softonic.de möglich bzw. müsste man korrekterweise von „gemischtsprachig" sprechen, weil nicht alle Menüpunkte aus dem Englischen übersetzt wurden.

Monatsübersicht, Terminvorschau, Aufgaben

Der Rainlendar setzt sich aus drei variabel anordenbaren Fenstern zusammen: der Monatsübersicht, der Terminvorschau und den Aufgaben. Bei Doppelklick auf einen Tag öffnet sich ein Eingabefenster, in dem man Termine und Erinnerungen anlegen sowie Vorlagen erstellen kann. Zu den Optionen von Rainlendar Lite gelangt man per Rechtsklick auf das Kalenderfenster. Dort hat man z.B. die Möglichkeit, beliebige individuelle Kalender anzulegen (Privat, Büro, Schule etc.) und farbige Markierungen zu setzen.

Isolierte Lösung für einen einzelnen PC

Der Rainlendar Lite ist eine isolierte Lösung. Wer den Kalender z.B. via Google mit anderen Computern oder dem Smartphone abgleichen möchte, benötigt entweder die kostenpflichtige Vollversion oder wählt eine der oben genannten integrierten Lösungen.

Textverarbeitung

Das Verfassen und Formatieren von Texten gehört zu den häufigsten Tätigkeiten am PC – warum soll man sich die Arbeit nicht erleichtern?

Word: Shortcuts für Text

Die Befehlseingabe mit Tastenkombinationen, so genannten Shortcuts, war schon an anderer Stelle dieses Buches Thema (► Seite 20). Auch unter Word (und anderen Textverarbeitungsprogrammen) lassen sich damit Arbeitsschritte schneller und exakter erledigen. So z.B. das Kopieren oder Ausschneiden von Text sowie dessen Wiedereinfügen an anderer Stelle.

Text markieren

Zum Markieren einer Textstelle halten Sie die Umschalttaste, die Sie üblicherweise für Großbuchstaben verwenden, gedrückt und treffen mittels der vier Pfeiltasten (Cursortasten) Ihre Auswahl. Die Kombination Strg+A hingegen markiert den kompletten Inhalt des Dokuments.

Mit Strg+C kopieren

In der Folge können Sie die markierte Stelle mit Strg+C kopieren (Original bleibt erhalten) bzw. mit Strg+X ausschneiden (Original wird entfernt). In beiden Fällen befindet sich der Text in der Windows-Zwischenablage. Setzen Sie nun den Cursor an jenen Platz, an dem Sie den kopierten/ausgeschnittenen Text einsetzen möchten und drücken Sie Strg+V. Auch Formatierungen können Sie mittels Tastenkombinationen durchführen, etwa fetten, kursiv stellen oder unterstreichen. Dazu benötigen Sie die Tastenkombination Strg+Umschalt plus – je nach gewünschter Aktion – die Taste F, K oder U.

Mit Strg+L formatieren

Damit sind die Möglichkeiten aber nicht erschöpft. Mit Strg+L formatieren Sie einen Absatz linksbündig, mit Strg+R rechtsbündig, Strg+B ergibt Blocksatz und – nicht ganz logisch – Strg+E zentriert den Text. Strg+Z ist nämlich anders belegt: Dadurch wird die letzte Aktion rückgängig gemacht, was schon manchen folgenschweren Fehler, wie etwa das irrtümliche Löschen von Text, wiedergutgemacht hat.

Mit Strg+Umschalt+Y wiederholen

Strg+Umschalt+Y wiederum wiederholt die letzte durchgeführte Aktion, was gleichfalls eine Arbeitserleichterung darstellen kann. Mit Strg+N öffnen Sie ein neues Dokument, mit Strg+O ein bestehendes. Strg+W schließt ein geöffnetes Fenster.

Word: Problemlos kopieren

Wenn Text aus verschiedenen Dateien zusammengeführt wird, kann es zu Schwierigkeiten mit der Formatierung des neuen Dokuments kommen.

Internes Konfliktpotenzial

Allein die diversen Word-Versionen aus dem Zeitraum 2003 bis 2016 beinhalten von Haus aus genügend Konfliktpotenzial. Glücklicherweise hat Microsoft in Word Möglichkeiten integriert, um ein potenzielles Durcheinander zu vermeiden. Da es verschiedene Wege gibt, um Text zu kopieren, betrachten wir diese auch gesondert:

Copy & Paste

Eine einfache Möglichkeit ist „Copy & Paste", also das Kopieren und Einfügen mittels der Tastenkombinationen Strg+C und Strg+V. Wenn Sie dafür die Maus verwenden, dann führen Sie in der markierten Textstelle einen Rechtsklick aus, wählen im Menü >>Kopieren<< sowie im neuen Dokument, gleichfalls nach einem Rechtsklick, >>Einfügen<<.

Einfügeoptionen

In beiden Fällen scheint nach dem Einfügen ein Menüfenster auf – beim Mausklick ein relativ umfangreiches, während der einzufügende Text noch nicht zu sehen ist, bei der Tastenkombination neben dem bereits eingefügten Text ein reduziertes, das Sie extra anklicken müssen. Namentlich handelt es sich um die „Einfügeoptionen", und zwar bis zu vier Stück davon: >>Ursprüngliche Formatierung beibehalten<<, >>Zieldesign verwenden<<, >>Formatierung zusammenführen<< und >>Nur Text übernehmen<<. Beim Darüberfahren mit dem Mauszeiger sehen Sie die jeweiligen Auswirkungen in einer Vorschau.

Keine Überraschungen

Bei Texten aus unterschiedlichen Quellen wird es meist sinnvoll sein, >>Zieldesign verwenden<< anzuklicken, aber auch >>Nur Text übernehmen<< kann hilfreich sein, weil Sie damit unerwartete Überraschungen aufgrund von Formatierungskonflikten vermeiden. Welche Einfügeoption zur Anwendung kommt, können Sie in den Einstellungen von Word unter >>Datei/Optionen/Erweitert<< im Vorhinein festlegen. Standardmäßig ist es >>Nur Text übernehmen<<.

Word: Formatierungen übertragen

Mit Microsoft Word oder der kostenlosen Alternative LibreOffice (https://de.libreoffice.org) lassen sich wunderbare Dokumente entwerfen, die sich vor Druckprodukten nicht zu verstecken brauchen. Aber wer kennt schon alle Funktionen?

Mühsames händisches Formatieren

Bei einigen davon würde es sich freilich auszahlen. Wenn Sie schon einmal versucht haben, beispielsweise eine Geburtstagseinladung ansprechend zu gestalten, dann wissen Sie, wie mühsam das individuelle Formatieren eines Textdokuments ist. Zahllose Mausklicks sind nötig, um eine Überschrift oder einen Absatz hinsichtlich Schriftart, Schriftgröße, Schriftfarbe, Zeilenabstand etc. wunschgemäß aussehen zu lassen – und dann warten vielleicht noch drei weitere Absätze darauf, in gleicher Weise in Form gebracht zu werden.

Format übertragen …

Der kleine Pinsel in der Menüleiste bzw. im Menüband, wie es in den aktuellen Word-Versionen heißt, kann diesbezüglich wertvolle Dienste leisten. Er steht für „Format übertragen" und tut nichts anderes, als sämtliche Formatierungen einer Zeile oder eines Absatzes zu kopieren und auf eine andere Zeile/einen anderen Absatz zu übertragen.

… via Pinselwerkzeug

Die Vorgangsweise: Markieren Sie mit der linken Maustaste und dem Cursor die bereits formatierte Zeile bzw. den fertigen Absatz, klicken Sie mit der linken Maustaste auf den Pinsel und markieren Sie anschließend die noch unformatierte Zeile bzw. den noch rohen Absatz. Augenblicklich verändern diese ihr Aussehen und entsprechen nun hinsichtlich ihrer Formatierung dem Original.

Formatierung mehrfach übertragen

Eine zusätzliche Komfortfunktion, die nur Microsoft Word bietet: Wenn Sie den Pinsel im Zuge der Formatübertragung doppelt anklicken, dann bleibt er eingerastet und Sie können gleich mehrere Zeilen/Absätze hintereinander formatieren. Die Funktion ist aufgehoben, sobald Sie nochmals auf den Pinsel klicken.

Word: Standardschriftart ändern

Mit ein paar einfachen Mausklicks ersparen Sie sich in der Folge lästige Einstellungsänderungen bei jedem neuen Dokument.

Einmal für immer

Im Textverarbeitungsprogramm Microsoft Word ist von Haus aus eine bestimmte Standardschriftart eingestellt. Nicht immer ist diese bzw. ihre Größe auch die erste Wahl des Benutzers. Wenn Sie vermeiden möchten, bei jedem neu erstellten Dokument Änderungen durchführen zu müssen, dann ändern Sie doch einmalig die Standardeinstellungen! In den Word-Versionen 2010, 2013 und 2016/365 öffnen Sie zunächst einmal ein neues, leeres Dokument und gehen dann wie nachstehend beschrieben vor.

Als Standard festlegen

Klicken Sie im Menüband links unter >>Start/Schriftart<< auf das kleine Quadrat. In dem sich öffnenden Fenster (Dialogfeld) nehmen Sie dann unter >>Zeichen<< die gewünschten Einstellungen vor und klicken im selben Fenster links unten auf >>Als Standard festlegen<<. Im darauf folgenden Fenster mit der Sicherheitsabfrage wählen Sie die Option >>Alle Dokumente basierend auf der Vorlage Normal<< und bestätigen diese mit >>Ja<<, um die Änderung dauerhaft durchzuführen.

Word 2007

Verwenden Sie noch Word 2007, dann gehen Sie analog vor. Lediglich die Schaltfläche >>Als Standard festlegen<< heißt hier >>Standard<< und die darauf folgende Sicherheitsabfrage bestätigen Sie schlicht mit >>Ja<<.

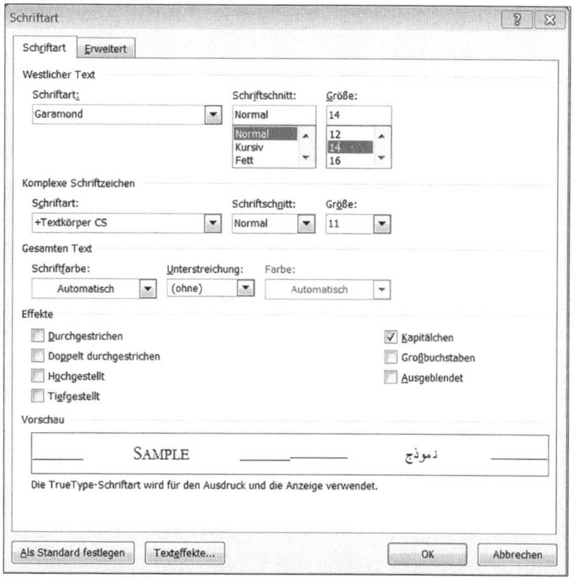

Word: Umgang mit Hyperlinks

In den Einstellungen von Microsoft Word ist standardmäßig die automatische Umwandlung von Internetadressen in Hyperlinks (kurz: Links) aktiviert. Sobald Sie nach der Eingabe einer Adresse wie etwa www.konsument.at ein Leerzeichen oder einen Zeilenumbruch setzen, wird die Adresse blau eingefärbt und unterstrichen. Das signalisiert, dass es sich um einen aktiven Link handelt. Drücken Sie die Taste Strg und klicken Sie mit der Maustaste auf den Link, wird die Adresse im Internetbrowser geöffnet.

Fürs „papierlose Büro"

Wenn Dokumente ausschließlich am Computer gelesen werden, ist das eine praktische Sache. Ist das Dokument allerdings zum Ausdrucken bestimmt, kann diese Funktion störend sein.

Hyperlink entfernen

Möchten Sie einzelne Links entfernen, klicken Sie mit der rechten Maustaste darauf und wählen aus dem Menü >>Hyperlink entfernen<<. Danach ist die Internetadresse wieder als gewöhnlicher Text formatiert.

Funktion dauerhaft deaktivieren

Die Möglichkeit, diese Funktion dauerhaft abzuschalten, finden Sie in Word 2010 sowie 2013 und 2016/365 in der Menüleiste unter >>Datei/Optionen/Dokumentprüfung<<, unter Word 2007 ebenfalls links oben unter >>(Office-Button)/Word-Optionen/Dokumentprüfung<<. Klicken Sie auf >>AutoKorrektur-Optionen/AutoFormat während der Eingabe<< und entfernen Sie den Haken vor der Option „Internet- und Netzwerkpfade durch (Hyper-)Links".

Hyperlinks in Word-Dokumenten einfügen

Im umgekehrten Fall möchten Sie vielleicht einen Text mit einem Hyperlink versehen, ohne dass die oft komplizierte Internetadresse im Fließtext aufscheint. Für diesen Fall kopieren Sie zuerst den Link per Strg+C in die Zwischenablage, wechseln in das Word-Dokument und markieren den zu verlinkenden Text. Mittels Rechtsklick auf den markierten Text und die Option >>Hyperlink<< öffnet sich ein Fenster, in das die Adresse aus der Zwischenablage per Strg+V eingefügt wird.

Word: Listen alphabetisch reihen

Wenn Sie in Word oder LibreOffice z.B. eine Namensliste erstellen, kann es sinnvoll sein, diese anschließend in alphabetische Reihenfolge zu bringen.

Absatzschaltung

Wichtig ist, dass Sie für jeden Namen einen eigenen Absatz vorsehen, d.h. nach jedem Namen mit Enter (Eingabetaste) eine Absatzschaltung machen. Danach markieren Sie die gesamte Liste mit dem Mauszeiger.

Sortieren

In Word klicken Sie nun im Menü >>Start<< im Bereich >>Absatz<< auf das Symbol >>Sortieren<<, das durch die Buchstaben „A, Z" sowie einen nach unten zeigenden Pfeil gekennzeichnet ist. Im anschließenden Dialogfenster bestätigen Sie mit >>OK<<. Die standardmäßigen Vorgaben für die Sortierreihenfolge lauten „Absatz" sowie „aufsteigend". Das bedeutet, dass der Beginn jedes Absatzes für die alphabetische Reihung herangezogen wird und diese von A nach Z erfolgt. „Absteigend" würde die Reihenfolge von Z nach A umdrehen. In LibreOffice wiederum verbirgt sich dieselbe Funktion hinter >>Extras/Sortieren/OK<<. Statt von Absätzen ist hier etwas verwirrend von Zeilen die Rede.

Zeilenschaltung

Falls Sie Ihrer Namensliste z.B. auch die Adressen hinzufügen und diese der Übersichtlichkeit halber mehrzeilig anführen möchten, dann dürfen Sie die zusammengehörigen Zeilen nicht durch eine Absatzschaltung voneinander trennen, sondern nur durch eine Zeilenschaltung. Dazu halten Sie die Shift-Taste (die Sie für die Großbuchstaben verwenden) gedrückt, während Sie wie gewohnt mit der Enter-Taste umschalten. Erst wenn der nächste Name an der Reihe ist, führen Sie eine Absatzschaltung durch. So bleiben die Namen und die richtigen Adressen beim alphabetischen Sortieren beisammen. Eine durchgeführte Zeilenschaltung erkennen Sie an dem kleinen nach links weisenden Pfeil am Ende der Zeile, wenn Sie die Funktion >>Absatzmarken und sonstige ausgeblendete Formatierungszeichen anzeigen<< unter >>Start/Absatz<< aktiviert haben.

Word: Blindtext erzeugen

Wenn man eine Dokumentvorlage erstellt und messen möchte, wie viele Wörter oder Zeichen auf einer Seite Platz haben, oder sehen möchte, wie ein mehrspaltig gestaltetes Dokument aussieht, wenn es mit Text gefüllt ist, dann kann man wie die Profis Blindtext einsetzen. Das wahllose Eintippen sinnloser Zeichenfolgen ist dabei nicht wirklich hilfreich, weil kein realitätsnahes Satzbild entsteht – und mühsam ist es obendrein.

=rand() erzeugt Blindtext

In Word ist eine Funktion eingebaut, welche die Sache wesentlich erleichtert: Geben Sie in Ihrem Word-Dokument am Anfang eines neuen Absatzes einfach =rand() ein, betätigen Sie die Eingabetaste und schon erscheinen drei Absätze mit einem sich ständig wiederholenden Satz (der nicht wirklich einen Sinn ergibt).

=rand(8,3): 8 Absätze aus 3 Sätzen

Wenn Sie zwischen die Klammern eine beliebige Zahl setzen, können Sie die Anzahl der Absätze beeinflussen. Setzen Sie hinter diese Zahl ein Komma und eine weitere Zahl, dann geben Sie damit zusätzlich die Anzahl der Sätze innerhalb eines Absatzes vor. Ein Beispiel: =rand(8,3) erzeugt 8 Absätze, die jeweils aus 3 Sätzen bestehen. Seit Word 2007 ergibt der verwendete Blindtext übrigens ein wenig mehr Sinn, aber das ist ohnehin nebensächlich.

=lorem(): „Lorem-ipsum"

Wenn Sie möchten, können Sie alternativ dazu den international üblichen, pseudo-lateinischen Blindtext verwenden, der mit „Lorem ipsum" beginnt und auch unter diesem Namen bekannt ist. Dazu schreiben Sie einfach =lorem() und betätigen die Eingabetaste. Auch hier können Sie durch Setzen von Zahlen innerhalb der Klammern den Umfang des Textes beeinflussen.

=rand.old(): mit dem Taxi durch Bayern

Für Nostalgiker haben die aktuelleren Word-Versionen noch eine dritte Version auf Lager: =rand.old() erzeugt den in Word 2003 gebräuchlichen Text, der übrigens lautet: Franz jagt im komplett verwahrlosten Taxi quer durch Bayern.

Word: Linien einfügen

Möchten Sie in einem Text Absätze mit horizontalen Linien optisch voneinander trennen, dann können Sie dies unter anderem über das Fenster >>Rahmen und Schattierung<< tun (im Menüband von Word 2010 und jünger unter >>Start/Absatz<< versteckt; Klick auf das kleine Dreieck unmittelbar neben dem Symbol).

Rahmenlinie

Setzen Sie zunächst unten eine Rahmenlinie und treffen Sie dann die Entscheidung für die Art und die Stärke der Linie. Oder wählen Sie stattdessen im Menüfenster den Eintrag >>Horizontale Linie<<, wobei Sie hier aber keinen Einfluss auf deren Stärke haben (standardmäßig fällt sie sehr zart aus).

Einfügen mittels Tastatur

Eine Auswahl von horizontalen Linien können Sie außerdem über die Tastatur einfügen. Sie müssen dazu nur immer drei der nachstehend genannten Zeichen in eine sonst leere Zeile eintippen und dann die Eingabetaste betätigen. Eine einfache dünne Linie erzeugen Sie mit dem Minus-Zeichen (-). Eine stärkere Linie ergibt der Unterstrich (_), den Sie auf derselben Taste oberhalb des Minus-Zeichens finden (Umschalt-Taste drücken). Das Istgleich-Zeichen (=) wiederum erzeugt eine doppelte Linie, während Sie durch Eingabe des Raute-Zeichens (#) eine vierfache Linie mit zwei stärkeren Linien in der Mitte und zwei dünneren außen erhalten.

Gezackt

Gezackt fällt das Ergebnis hingegen aus, wenn Sie sich für die Tilde (~) entscheiden, zu finden neben dem Plus-Zeichen, wobei Sie die Taste Alt Gr drücken müssen. Und oberhalb des Plus-Zeichens gibt es schließlich noch den Asterisk, das Sternchen (*), das gerne als Hinweis auf Fußnoten verwendet wird. Dieses ergibt eine starke, durchbrochene Linie.

Unterschiede beim Entfernen

In einer Hinsicht unterscheiden sich die horizontalen Linien von der Rahmenlinie: Letztere lässt sich nur über das Menüfenster entfernen, während Sie die anderen Linien so wie Buchstaben direkt aus dem Dokument herauslöschen können.

Word: Brüche darstellen

½, ¼, ¾ – das sind die Bruchzahlen, die Word automatisch gleich bei der Eingabe umwandelt. 1/3 hingegen bleibt ebenso unformatiert wie 2/5, 1/100 oder jeder andere als Bruch angegebene Wert. So oder so ist die Darstellung mathematisch nicht korrekt, denn gewünscht wäre ja z.B.:

$$\frac{1}{3} + \frac{1}{3} = \frac{2}{3}$$

Darstellung durch Formel ersetzen

Diese Darstellung zu erzielen, ist zwar etwas umständlich, klappt aber seit Word 2007 auf folgende Weise: Tippen Sie den gewünschten Bruch wie üblich ein. Sollte es sich um einen der eingangs erwähnten handeln, der automatisch formatiert wird, dann machen Sie dies durch Betätigen der Zurück-Taste oder mit der Maus über das unter der Zahl aufscheinende Menükästchen rückgängig, sodass Sie z.B. wieder 1/2 dort stehen haben. Nun markieren Sie den Bruch mit dem Mauszeiger, wählen im Menüband den Reiter >>Einfügen<< und klicken ganz rechts auf die Schaltfläche >>Formel<<. Ein Formelfeld rahmt die Bruchzahl nun ein (Es funktioniert auch der umgekehrte Weg: erst ein leeres Formelfeld einfügen, dann die Bruchzahl eintippen). Nun klicken Sie noch rechts auf das nach unten weisende kleine Dreieck und wählen aus dem Menüfenster die Option >>Professionell<<.

Autoformatierung für ½, ¼, ¾ abschalten

Möchten Sie die eingangs erwähnte Formatierungsautomatik abschalten, dann tun Sie dies in Word unter >>Datei/Optionen/Dokumentprüfung/AutoKorrektur-Optionen/AutoFormat während der Eingabe<<, wo Sie das Häkchen vor der Option „Bruchzahlen (1/2) durch Sonderzeichen (½)" entfernen. Bestätigen Sie durch >>OK<<.

Formel-Editor

Eine mühsame Möglichkeit, Bruchzahlen doch in dieser Form mit Schrägstrich darzustellen, gibt es übrigens auch: Durch Klick auf >>Einfügen/Objekt/Microsoft Formel-Editor<< rufen Sie ein Fenster mit diversen Vorlagen auf, u.a. solche für Brüche und Wurzeln. Wählen Sie das Symbol mit den schwarzen Platzhaltern links und rechts vom Schrägstrich.

Word: Bilder einbinden

Platzieren Sie via >>Einfügen/Bilder (Office 2010: Grafik)<<, durch Kopieren und Einfügen oder durch Ziehen mit dem Mauszeiger ein Bild in ein Word-Dokument, ist es standardmäßig als Textobjekt definiert. Das bedeutet, dass z.B. ein als Logo gestalteter Firmenname an einer bestimmten Textstelle eingefügt werden kann.

Position auf der Seite fixieren

Meist wird diese Option im Privatbereich unerwünscht sein. Die ersten Schritte nach dem Einfügen sind daher ein Rechtsklick auf das Bild, das Auswählen des Menüpunktes >>Zeilenumbruch<< und ein Klick auf das mit >>Quadrat<< bezeichnete Symbol, das oft die passende Wahl sein wird (nachträgliche Änderungen sind natürlich jederzeit möglich).

Nicht mit Text verschieben

Nun gehen Sie neuerlich zum Punkt >>Zeilenumbruch<<, wählen dann aber >>Weitere Layoutoptionen/Position<< und entfernen den Haken bei >>Objekt mit Text verschieben<<. (Ab Office 2013 befindet sich diese Option bereits im Auswahlfenster bzw. kann man auf das neben dem Bild angezeigte Symbol klicken und >>Position auf der Seite fixieren<< wählen.)

Bilder sind verankert

Nun können Sie durch Anfassen mit dem Mauszeiger die Größe des Bildes verändern und es durch Klicken und Ziehen an jede beliebige Stelle setzen. Beachten müssen Sie nur noch, dass jedes Bild automatisch an einem Textabsatz „verankert" wird (ein Klick auf das Bild macht das Ankersymbol am linken Rand sichtbar.) Ergänzen Sie Text oberhalb dieses Ankers und wandert der Absatz dadurch auf die nächste Seite, folgt ihm auch das Bild. Bei Bedarf müssen Sie das Ankersymbol einfach wieder ein Stück nach oben ziehen.

Als Standard festlegen

Wer die gewünschte Layoutoption als Standard festlegen möchte, kann dies übrigens über >>Datei/Optionen/Erweitert<< beim Punkt „Ausschneiden, Kopieren und Einfügen" tun. Hier einfach bei „Bilder einfügen als" eine Auswahl treffen.

Word: Dokumente vergleichen

Zwei Versionen des gleichen Dokuments am Bildschirm abzugleichen, ist bei umfangreicheren Texten keine leichte Aufgabe. Word erleichtert dieses Vorhaben, auf mehrere Arten. So ist es z.B. möglich, zwei Dokumente parallel laufen zu lassen. Die einzige Voraussetzung ist, dass der Bildschirm breit genug ist.

Nebeneinander anzeigen

Öffnen Sie die beiden Textdokumente, die Sie vergleichen möchten. Eines davon befindet sich nun im Vordergrund. Die Option >>Nebeneinander anzeigen<< ist unter dem Karteireiter >>Ansicht<< zu finden.

Parallel scrollen

Wenn Sie nun mit dem Mausrad scrollen, bewegen sich beide Dokumente synchron. Möchten Sie diese Funktion abschalten, dann tun Sie dies in den aktuelleren Word-Versionen unter >>Ansicht/Synchroner Bildlauf<<.

Überprüfen und Vergleichen

Um die Unterschiede zwischen zwei (ähnlichen) Dokumenten direkt aufgezeigt zu bekommen, wählen Sie hingegen >>Überprüfen/Vergleichen<<. Nun öffnet sich ein Fenster, in dem die zwei zu vergleichenden Dokumente ausgewählt werden müssen. Durch Klick auf das Feld >>Erweitert<< lassen sich weitere Einstellungen festlegen. Somit werden Unterschiede direkt farblich markiert und sind so auf einen Blick erkennbar.

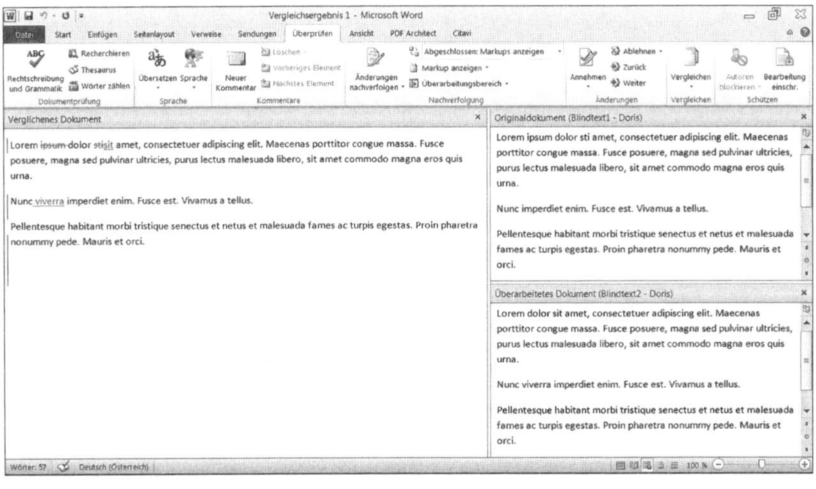

Word: Formulare erstellen

Wenn Sie Microsoft Office verwenden, können Sie auf dessen verborgene Möglichkeiten zur Gestaltung eines Word-Formulars zurückgreifen.

Entwicklertools

Klicken Sie auf >>Datei/Optionen/Menüband anpassen<< und setzen Sie im rechten Fenster vor „Entwicklertools" einen Haken. Im Menüband finden Sie nun den gleichnamigen Reiter und dort unter „Steuerelemente" ein gelbes Ordnersymbol mit zwei gekreuzten Werkzeugen. Darin befinden sich die „Formulare aus Vorversionen", die sich aufgrund ihrer Kompatibilität und ihrer einfachen Bedienung empfehlen.

Formularsteuerelemente

Die drei ersten anklickbaren Symbole von links sind die Formularsteuerelemente: >>Textfeld<< erklärt sich von selbst, >>Kontrollkästchen<< erlaubt das Setzen kleiner Quadrate, die per Mausklick ankreuzbar sind, und mit dem >>Kombinationsfeld<< erstellt man Dropdown-Menüs, bietet also eine Reihe vordefinierter Auswahlmöglichkeiten.

Diverse Festlegungen treffen

Haben Sie eines dieser Formularsteuerelemente gesetzt, dann gelangen Sie mittels Doppelklick auf das Element zu dessen Einstellungen. Hier können Sie unter anderem eine maximale Textlänge oder einen Schrifttyp definieren und die Auswahlmöglichkeiten für das Dropdown-Menü vorgeben. Für umfangreicheren Text, der aber die Formatierung des Formulars nicht sprengen soll, bewährt sich auch die Kombination einer herkömmlichen Tabelle mit dem Formularsteuerelement >>Textfeld<<. Dabei müssen Sie die Größe der Tabelle exakt festlegen und dürfen keine Änderungen zulassen.

Bearbeitung einschränken

Apropos Änderungen: Um das fertige Formular zu aktivieren, klicken Sie unter >>Entwicklertools<< im Bereich „Schützen" auf >>Bearbeitung einschränken<<. Punkt 1 ist optional, wichtig sind die „Bearbeitungseinschränkungen". Dort sollten Sie in der Regel nur das Ausfüllen zulassen. Danach wenden Sie den Schutz an. Das Setzen eines Kennworts ist nicht verpflichtend, Sie müssen aber auf jeden Fall >>OK<< anklicken.

Windows-Sonderzeichen

Die Zeichenanzahl der herkömmlichen Tastatur ist beschränkt, doch in der Zeichentabelle hält Windows viele Sonderzeichen bereit.

Von Omega bis Hatschek

§, %, &, @, $ oder € sind gängige Sonderzeichen auf der Computertastatur. Aber was, wenn Sie z.B. ein griechisches „Omega" oder einen Buchstaben mit tschechischem „Hatschek" benötigen? Die so genannte Zeichentabelle unter Windows bietet eine Vielzahl von Sonderzeichen, wie man sie in Fremdsprachen, im technischen oder im mathematischen Bereich verwendet.

Zeichentabelle aufrufen

Es gibt mehrere Wege, die Zeichentabelle aufzurufen. Der längere: Linksklick auf >>Start/Alle Programme/Zubehör/Systemprogramme/Zeichentabelle<<. Der kürzere: Die Windows-Taste und die R-Taste drücken, im neuen Fenster charmap.exe eingeben und auf >>OK<< klicken. Bei Word klickt man einfach im Reiter >>Einfügen<< auf >>Symbol<<.

Zeichen auswählen ...

Wählen Sie oben in der Zeichentabelle zunächst die gewünschte Schriftart und machen Sie sich dann auf die Suche nach dem benötigten Sonderzeichen. Klicken Sie einmal links auf das Zeichen, dann auf >>Auswählen<< und dann auf >>Kopieren<<.

... und wieder einfügen

Führen Sie danach im Dokument, in das Sie das Zeichen einfügen möchten, an der entsprechenden Stelle einen Rechtsklick aus und wählen Sie >>Einfügen<<. Alternativ dazu können Sie in vielen Programmen das gewünschte Sonderzeichen mit gedrückter linker Maustaste in das Dokument hineinziehen.

Gut geeignet für einzelne Zeichen

Angesichts der recht umständlichen Vorgangsweise ist die Zeichentabelle natürlich nicht dazu gedacht, umfangreichere fremdsprachige Texte oder fachspezifische Abhandlungen zu erstellen. Für das Einfügen einzelner Zeichen oder Begriffe ist sie aber gut geeignet und gibt dem Dokument einen professionellen Charakter.

Sonderzeichen: Gedanken- und Bindestrich

In der deutschen Rechtschreibung unterscheidet man zwischen Bindestrich („-") und Gedankenstrich („–"). Der erstgenannte verbindet Wort-Bestandteile und wird ohne Abstand zwischen diese gesetzt. Der längere Gedankenstrich wird – ähnlich wie Klammern – für textliche Einschübe verwendet und verlangt davor und dahinter ein Leerzeichen.

Automatische Umwandlung

Den Bindestrich finden Sie auf jeder PC-Tastatur rechts unten in der letzten Buchstabenreihe. Beim Gedankenstrich gestaltet sich die Sache komplexer. Gängige Textverarbeitungsprogramme, wie Microsoft Word oder LibreOffice, wandeln Bindestriche während des Tippens an passender Stelle selbsttätig in Gedankenstriche um. Das nachträgliche Einfügen müssen Sie hingegen manuell über die Tastenkombination Strg+Minuszeichen (auf dem Ziffernblock!) vornehmen.

Ziffernblock aktivieren

Kleinere Notebooks verfügen über keinen separaten Ziffernblock. Manche Modelle haben mehrfach belegte Tasten, auf denen neben den Buchstaben in blau gehaltene Ziffern und Zeichen zu sehen sind. Damit kann der Gedankenstrich wie oben beschrieben eingefügt werden, indem Sie zunächst den Ziffernblock aktivieren. Üblich ist dafür Fn+Num.

„WordPad"-Trick

Bleibt noch das Problem mit WordPad, dem ins Betriebssystem integrierten Schreibprogramm. Hier gibt es weder eine automatische Korrektur, noch funktioniert die Variante mit dem Minus auf dem Ziffernblock. In diesem Fall müssen Sie auf folgenden Trick zurückgreifen: Halten Sie die Taste Alt gedrückt und geben auf dem Ziffernblock 0150 ein. Wenn Sie nun die Alt- Taste loslassen, erscheint der Gedankenstrich.

Einfach kopieren

Ein Tipp zur Vereinfachung: Ist bereits ein Gedankenstrich im Text vorhanden, dann markieren Sie ihn mittels doppeltem Mausklick, kopieren ihn mit Strg+C, setzen den Cursor mit einfachem Mausklick an die gewünschte Position und fügen mit Strg+V den Gedankenstrich ein.

Geschütztes Leerzeichen: Trennung verhindern

Beim Schreiben mit Textverarbeitungsprogrammen, wie Microsoft Word oder LibreOffice, gibt es immer wieder Zeilenumbrüche an den falschen Stellen. Zusammengehörige Zeichen werden auseinandergerissen, weil das Programm den Zusammenhang nicht automatisch erkennt. Typische Beispiele sind Maßangaben (12 km, 1 kg etc.) oder Telefonnummern, die zwecks leichterer Lesbarkeit in mehrere Ziffernblöcke gegliedert werden (588 77).

Festes Leerzeichen

Möchten Sie z.B. verhindern, dass die „km" in die nächste Zeile rutschen, dann müssen Sie zwischen „12" und „km" ein so genanntes geschütztes oder festes Leerzeichen einfügen. Halten Sie dazu die Kombination Shift+Strg gedrückt und betätigen Sie dann erst die Leertaste. Nun erscheint zwischen „12" und „km" ein hochgestellter kleiner Kreis, der genauso aussieht, wie das Symbol für Grad-Angaben (Temperatur, Winkelmaß etc.) – vorausgesetzt, die Formatierungszeichen sind eingeblendet.

Beim Drucken unsichtbar

Konkret sehen Sie nun Folgendes auf Ihrem Bildschirm: „12°km". Der Kreis hält die beiden Bestandteile zusammen, ist aber beim Drucken unsichtbar. An seiner Stelle erscheint auf dem Papier ein ganz normaler Leerraum.

Geschützter Bindestrich

Nach dem gleichen Muster gibt es auch den geschützten oder festen Bindestrich, der verhindert, dass ein zusammengesetztes Wort auseinandergerissen wird (z.B. KONSUMENT-Homepage). Bei Verwendung eines gewöhnlichen Bindestrichs wird das Wort am Zeilenende nach KONSUMENT abgeteilt. Soll das gesamte Wort in derselben Zeile beisammenbleiben, halten Sie wiederum die Kombination Shift+Strg gedrückt und setzen dann wie gewohnt einen Bindestrich. Auf dem Bildschirm unterscheidet er sich zwar durch seine Länge und Stärke vom herkömmlichen, kurzen Bindestrich, im Papierausdruck ist er aber mit diesem identisch.

Mehr Schriften am PC

Textverarbeitungsprogramme bieten eine Standardauswahl an Schriften. Sie können die Vielfalt durch kostenlose Software ganz leicht erweitern. Das in die Microsoft-Betriebssysteme integrierte Word Pad, die Bürosoftware Word für Windows als Bestandteil von Microsofts Office-Paketen, oder auch das Textverarbeitungsprogramm der kostenlosen Open-Source-Alternative LibreOffice werden mit einer ganzen Reihe von vorinstallierten Schriften ausgeliefert.

Online-Kataloge für Schriften

Nach der zehnten kreativ gestalteten Einladung sind diese trotzdem ausgereizt (nicht zuletzt deshalb, weil alle anderen sie gleichfalls verwenden) bzw. werden spezielle Bedürfnisse, wie „Handschriften", nur marginal abgedeckt. Im Internet werden für solche Zwecke Tausende von Schriftarten angeboten. Viele davon sind für den Privatgebrauch gratis. Mit der Suchmaschine www.fontseek.com finden Sie einschlägige Seiten, die Sie nach neuen Schriften durchstöbern können und auch www.dafont.com bietet unzählige davon – die meisten kostenlos. Diese können Sie dann wie jede andere Software downloaden.

Komprimierte Zip-Datei

Meist handelt es sich um eine komprimierte Zip-Datei (► Seite 46). Einmal heruntergeladen, öffnet ein Doppelklick darauf deren Inhalt. Der besteht aus der eigentlichen Schriftdatei und oft auch aus einem weiteren Textdokument mit Impressum und rechtlichen Hinweisen. Erstere verschieben Sie entweder manuell in den Ordner „C:/Windows/Fonts" oder öffnen ein Vorschaufenster per Doppelklick auf die Datei und wählen dort aus dem Menü „Installieren".

Lokal nutzbar

Von nun an ist die Schriftart in der Auswahlliste der Textverarbeitungsprogramme verfügbar. Achtung! Diese Schriften sind jedoch nur lokal gespeichert. Damit sie auf einem anderen Computer lesbar sind, muss jede davon auch dort installiert werden! Lediglich in einem PDF-Dokument (► Seite 71) lassen sich Schriftarten fixieren, das Dokument ist dann aber nicht mehr veränderbar.

Microsoft Office: Zusatzbeschriftung von Dateien

Im Laufe der Zeit sammeln sich zahlreiche Dateien auf der Computerfestplatte an, sodass es nicht mehr so einfach ist, den Überblick über deren genauen Inhalt zu behalten. Die Namen, unter denen sie abgespeichert sind, helfen nur bis zu einem gewissen Ausmaß weiter. In den Windows-Versionen von 7 aufwärts kann man zwar im Windows-Explorer-Menü ein praktisches Vorschaufenster aktivieren, aber falls es sich um ein umfangreiches Dokument handelt, muss man wahrscheinlich erst recht wieder nachlesen, was der Kern der Sache ist.

Kommentarfunktion im Windows-Explorer

Auf einem Papierdokument würde man in einem solchen Fall eine handschriftliche Anmerkung oder einen Haftnotizzettel anbringen, um das Wichtigste hervorzustreichen. Genau das leistet die Kommentarfunktion, die in den Windows-Explorer integriert ist. Wenn Sie ein Word-Dokument, eine Excel-Mappe oder eine PowerPoint-Präsentation mit Rechtsklick markieren, dann öffnet sich ein Menüfenster.

Über die Eigenschaften zu den Details

Darin wählen Sie den Eintrag >>Eigenschaften<< und im nächsten Fenster den Karteireiter >>Details<<. Hier finden Sie nun eine ganze Liste von Dateieigenschaften, darunter auch den Eintrag >>Kommentare<<. Wenn Sie nun mittels Linksklick diese Zeile markieren, können Sie einen beliebigen Text eingeben, mit dem Sie die Datei näher beschreiben – und wenn es auch nur fünf Rufzeichen sind, um die Wichtigkeit zu unterstreichen.

Kommentare anzeigen lassen

Im Windows-Explorer müssen Sie dann noch einen Rechtsklick in der Leiste ausführen, in welcher in der >>Detailansicht<< standardmäßig Name, Größe, Elementtyp und Änderungsdatum angezeigt werden. Im nächsten Fenster klicken Sie auf >>Weitere<< und setzen dann vor „Kommentare" einen Haken. Ab sofort werden auch diese in der Detailansicht eingeblendet, ohne dass Sie extra die Eigenschaften der einzelnen Dateien aufrufen müssen.

Microsoft Office: Zugriff auf zuletzt verwendete Dokumente

Wenn Sie etwa den Speicherort eines vor Kurzem erstellten Word-Dokuments nicht mehr eruieren können (weil Sie ohne hinzuschauen auf >>Speichern<< geklickt haben) oder einfachen und raschen Zugriff auf Dateien haben möchten, an denen Sie aktuell arbeiten, erweist sich die Liste der zuletzt verwendeten Dokumente als praktisch. Zu finden ist sie beim Menüpunkt >>Datei/Zuletzt verwendet<<.

Umfang der Liste individuell einstellbar

Klicken Sie auf >>Datei/Optionen/Erweitert<<. Hier können Sie die Anzahl auf bis zu 50 Listeneinträge erhöhen. Die Reihung der Listeneinträge erfolgt chronologisch, das zuletzt Verwendete wird an die erste Stelle gereiht. Wenn die Anzahl unterschiedlicher Dokumente die voreingestellte Anzahl übersteigt, fallen die älteren Einträge aus der Liste heraus. In den neueren Office-Versionen können Sie aber durch einen Klick auf die Pin-Nadel neben dem Eintrag wichtige Dokumente dauerhaft an die Liste anheften.

Liste wieder löschen

Es kann freilich auch sein, dass Sie Listeneinträge löschen möchten, z.B. wenn andere Benutzer dasselbe Konto am Computer verwenden. In den jüngeren Word-Versionen genügt ein Rechtsklick auf den jeweiligen Eintrag, um ihn aus der Liste zu entfernen.

Schnellzugriff aktivieren

Unterhalb dieser Liste findet sich in den älteren Word-Versionen auch die Option, den „Schnellzugriff" auf eine bestimmte Anzahl der zuletzt verwendeten Dokumente auszuwählen. Aktiviert man das Häkchen, werden diese Dokumente links in dem Datei-Menü aufgelistet. Die in diesem Computertipp geschilderte Vorgangsweise gilt analog auch für Excel-Sheets und PowerPoint-Präsentationen.

Klick aufs Programmsymbol

Zu einer Kurzversion dieser Liste gelangen Sie übrigens, wenn Sie auf die Programmkachel oder das Programmsymbol in der Taskleiste (falls Sie es dort angeheftet haben) eine Rechtsklick ausführen.

PDFs erstellen und lesen

Dem Portable Document Format (PDF) begegnet man im Internet häufig. Das US-amerikanische Unternehmen Adobe, welches das Format vor rund 20 Jahren entwickelt hat, stellt kostenlos den Adobe Reader zum Download bereit, der es ermöglicht, PDF-Dokumente (kurz: PDFs genannt) zu lesen (http://get.adobe.com/de/reader; „Optionales Angebot" deaktivieren!). Das Format hat zunehmend an Bedeutung gewonnen, etwa bei zum Download angebotenen Bedienungsanleitungen oder ausfüllbaren Formularen. Und manchmal erweist es sich als sinnvoll, selber PDFs zu erstellen.

Unveränderlichkeit

Der Vorteil eines PDFs gegenüber vielen anderen Formaten ist seine Unveränderlichkeit über alle System- und Softwaregrenzen hinweg (deshalb auch die englische Bezeichnung „portable" im Sinne von übertragbar). Und es ermöglicht ein Layout, das dem eines Druckproduktes gleicht.

Risiken ausschließen

Wenn Sie z.B. ein Word-Dokument auf einen anderen Computer übertragen, kann es aufgrund unterschiedlicher Software bzw. Softwareeinstellungen zu Zeilen- und Seitenumbrüchen kommen, die das Aussehen des ursprünglichen Dokuments komplett verändern. Dasselbe Phänomen tritt sogar auf, wenn auf dem fremden PC lediglich ein anderes Druckermodell angeschlossen ist als bei Ihnen daheim. Möglicherweise ist auch die von Ihnen verwendete Schrift nicht installiert und wird automatisch

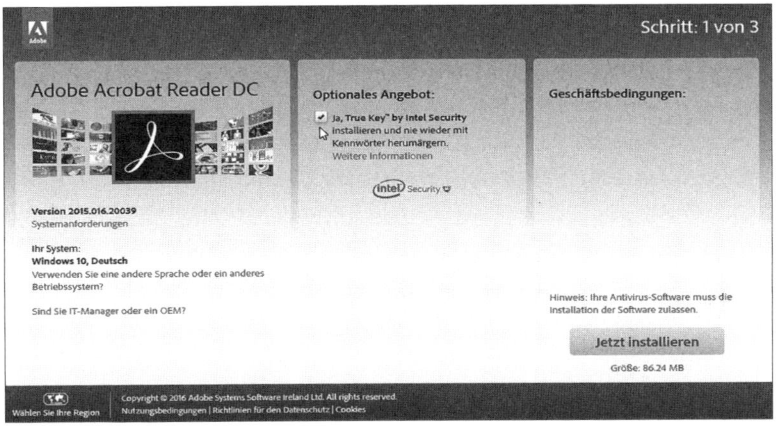

durch eine andere ersetzt (▶ Seite 68). Das ist ärgerlich, wenn Sie z.B. ein Dokument auf einem anderen PC ausdrucken möchten. Gravierende Folgen kann dies außerdem haben, wenn Sie etwa eine Firma mit einem professionell erstellten Bewerbungsschreiben beeindrucken möchten, dieses aber beim Öffnen sozusagen aus der Form gerät. Ein PDF ist diesbezüglich eine empfehlenswerte Alternative, weil es – vergleichbar mit einem Foto – im Nachhinein nur noch mit spezieller Software bearbeitet werden kann. Unvorhersehbare Änderungen gibt es hingegen keine mehr.

Microsoft, LibreOffice

Microsoft bietet in seinem Office-Paket seit 2010 die Zusatzfunktion „Speichern unter – PDF" an. Auch das kostenlose LibreOffice-Paket (https://de.libreoffice.org) hat eine ähnliche PDF-Funktion installiert.

Kostenlose PDF-Umwandler

Universeller, weil in Kombination mit unterschiedlichen Programmen einsetzbar, sind kostenlose PDF-Umwandler wie z.B. „PDF Creator" (http://pdfforge.org) oder „PDF24 Creator" (http://de.pdf24.org). Diese Programme werden auf Ihrem PC als Drucker installiert. Bei der Installation des „PDF Creator" ist darauf zu achten, den „PDF Architect" nicht mit zu installieren, wenn man bei der kostenlosen Variante bleiben möchte (Benutzerdefinierte oder minimale Installation wählen).

Als Drucker installiert

Möchten Sie ein Dokument in ein PDF umwandeln, klicken Sie in der Menüzeile auf >>Datei/Drucken<<, und bevor Sie den Druckauftrag bestätigen, wählen Sie das installierte Programm als Drucker aus. In diesem Fall handelt es sich eben nicht um ein Gerät, sondern um Software, die Ihr Dokument automatisch ins PDF-Format umwandelt. Im Anschluss können Sie dieses mit dem Adobe Reader betrachten, es ausdrucken oder per E-Mail verschicken. Unter seinen Zusatzfunktionen bietet PDF24 auch die Möglichkeit, mehrere PDFs zu einem einzigen mehrseitigen PDF zusammenzufügen bzw. größere PDFs zu teilen.

Online-Konverter

Daneben kann man auch auf die Website www.online-convert.com zurückgreifen, wo die Umwandlung online erfolgt. (Es gibt zwar etliche weitere Online-Lösungen, aber oft geschieht die Zusendung des erstellten PDFs per E-Mail. Sympathischer sind jene Websites, die einen direkten Download ohne Angabe einer Mailadresse erlauben).

PDFs kommentieren

Das Bearbeiten von PDFs ist nur mit kostenpflichtiger Software möglich. Der kostenlose Adobe Reader (http://get.adobe.com/de/reader; „Optionales Angebot" deaktivieren!) gibt Ihnen aber die Möglichkeit, Anmerkungen und farbliche Hervorhebungen anzubringen (ohne das PDF selbst zu verändern) sowie eine Kopie davon als reines Textdokument (.txt) ohne Formatierungen zu speichern (dies alles unter der Voraussetzung, dass der Urheber keinen Kopierschutz eingefügt hat).

Vorsicht ist immer geboten

Wie so oft macht die häufige Nutzung PDFs auch für Virusattacken interessant, bei denen infizierte Dateien Sicherheitslücken des Adobe Readers ausnutzen. Wie allgemein im Internet gilt daher auch hier: PDFs unbekannter Herkunft nicht unüberlegt öffnen, sondern vorher auf Viren scannen und die Software mittels automatischer Updates immer auf dem letzten Stand halten.

Alternativer PDF-Reader Foxit

Eine andere Möglichkeit ist der Umstieg auf einen alternativen Reader, wie etwa Foxit (www.foxitsoftware.com/de/downloads/). Auch dieser verfügt über eine beeindruckende Funktionsvielfalt, etwa wenn es darum geht, Kommentare und Korrekturvermerke in PDFs anzubringen oder eigene PDFs zu erstellen. Nur was die Sicherheit betrifft, sollten Sie trotzdem nicht völlig sorglos sein, denn auch die Nutzung von Foxit kann nicht vor allen Eventualitäten schützen.

Kostenpflichtiger Foxit PhantomPDF

Wenn Sie sich dafür interessieren, können Sie Foxit problemlos parallel zum Adobe Reader installieren. Achtung: Bei der Installation wird automatisch eine 30-Tage-Testversion des kostenpflichtigen „Foxit PhantomPDF Standard" mitinstalliert, wenn Sie diese Option nicht explizit deaktivieren.

Praktische Erweiterung

Durchaus praktisch hingegen ist die Möglichkeit, eine Erweiterung für den Browser mitzuinstallieren, um PDF-Dokumente direkt mit dem Foxit Reader im Browser-Fenster anzeigen zu können.

Zehnfinger-Trainingsprogramm

Schreiben Sie auch nach dem „System Adler?" Mit den Zeigefingern über der Tastatur kreisend und gezielt von oben herab zustoßend? Damit sind Sie nicht alleine.

Erlernen und üben

Unabhängig vom Alter und von der bereits vorhandenen Erfahrung stehen viele Computernutzer einer Hürde gegenüber, welche die sperrige Bezeichnung Zehnfingersystem trägt. Es ist schnell, es ist effizient, aber seine Beherrschung ist weder angeboren noch entwickelt sie sich im Laufe der Zeit von allein. Das Zehnfingersystem muss erlernt und trainiert werden.

Software „Tipp10"

Wenn Ihnen der Besuch eines Kurses zu aufwendig ist, können Sie es auch mit der kostenlos erhältlichen Software Tipp 10 versuchen. Diese steht auf www.tipp10.com für alle gängigen Betriebssysteme zum Download bereit. Nach der Installation des Programms können Sie sofort mit den Übungen loslegen.

Systematisch aufgebaut

In 20 systematisch aufgebauten Lektionen werden die Buchstaben in ihrer speziellen Anordnung, die Großschreibung, die Sonderzeichen sowie die Ziffern bzw. der Ziffernblock erarbeitet. Zusätzlich gibt es eine Reihe von freien „Diktaten". Wobei der Computer nicht mündlich, sondern schriftlich diktiert und Sie die vorgegebenen Zeichenfolgen bzw. Wörter in die Tastatur tippen. Die Geschwindigkeit bestimmen Sie selbst, die Kontrolle erfolgt über eine virtuelle Tastatur auf dem Bildschirm.

Auswertungen und Einstellungsmöglichkeiten

Am Ende jeder Lektion macht das Programm eine Auswertung mit Punktevergabe und diversen statistischen Daten. Da diese gespeichert werden und auch ausgedruckt werden können, haben Sie mit der Zeit eine gute Übersicht über Ihre Fortschritte bzw. die häufigsten Fehler, die Ihnen unterlaufen. Zusätzliche individuelle Einstellungsmöglichkeiten runden das Programm ab und machen Tipp 10 zu einem heißen Tipp für alle, die das Zehnfingersystem erlernen möchten.

Fotos und Multimedia

Bildbearbeitung, Musik, Videos und Fernsehen – Computer sind nicht nur Arbeits-, sondern auch vielseitige Unterhaltungsgeräte.

Screenshots: Den Bildschirm abfotografieren

Beim Tätigen von Online-Bestellungen ist es ratsam, jeden Bestellschritt zu dokumentieren. Aufgrund des Aufbaus von Internetseiten erfolgt der Ausdruck allerdings oft unvollständig. Die in allen Browser verfügbare und ähnlich lautende Option >>Seite speichern unter...<< (► Seite 133) ändert daran nichts.

Integrierte Funktion

Die bessere Alternative sind Screenshots, also das Abfotografieren des Bildschirmfensters. Diese Funktion ist ins Betriebssystem integriert. Je nach Tastaturbeschriftung verwenden Sie dazu die Taste Print Screen/ Seite abfotografieren/S-Abf. Danach müssen Sie den Screenshot, der sich nun in der Zwischenablage befindet, mittels Tastenkombination Strg+V in das Fenster eines Text- bzw. Bildbearbeitungsprogramms kopieren. In der Folge lässt er sich abspeichern und ausdrucken. Drücken Sie zusätzlich die Taste Alt, wird statt des gesamten Bildschirms das jeweils aktive Fenster aufgenommen. Einen Versuch wert ist auch die neue Option >>Webseitennotiz erstellen<< im Edge-Browser.

Snipping Tool

Alternativ dazu gibt es ein hilfreiches Werkzeug, um Bildschirm-Details abzufotografieren: das „Snipping Tool". Sie finden es unter den Programmen im Zubehör-Order oder auf kürzerem Weg durch Eingabe von „snip" in die Suchleiste. Erschrecken Sie bitte nicht, wenn der Bildschirm milchig weiß wird. Jetzt können Sie mithilfe der Maus – linke Taste gedrückt halten! – mit dem als Pluszeichen dargestellten Cursor jenen (rechteckigen) Bereich auswählen, den Sie abfotografieren möchten.

Weitere Auswahlmöglichkeiten

Die rechteckige Auswahl ist standardmäßig voreingestellt. In dem kleinen Programmfenster haben Sie bei Klick auf das kleine Feld mit dem Pfeil neben der Schaltfläche >>Neu<< auch noch die Wahl zwischen dem Ausschneiden eines aktuellen Fensters, des gesamten Bildschirms oder eines „freihändig" markierten Bereichs. Danach speichern Sie den Screenshot am besten als PNG- oder JPEG-Datei.

Screenshots von Videos erstellen

Mit dem Thema Screenshots im Allgemeinen haben wir uns im vorangehenden Tipp beschäftigt. Mit dem aktuellen Windows Media Player ist es einfach geworden, auch von Videos Screenshots zu erstellen. Während man bei den älteren Versionen des Windows Media Players Einstellungsänderungen vornehmen musste, um von einem aktuell angezeigten Video einen Screenshot zu erstellen, ist dies mit den neuen Versionen kein Problem.

Drucken-Taste

Im Grunde funktioniert sogar die bekannte Print-Taste, auch mit Druck oder S-Abf beschriftet. Damit landet der Screenshot im Zwischenspeicher und man kann ihn mittels Strg+V in ein Text- oder Bildbearbeitungsprogramm einfügen.

Snipping Tool

Die bessere Lösung ist allerdings das in Windows unter den Programmen im Zubehör-Ordner zu findende Snipping Tool. Bei Klick auf den kleinen Pfeil rechts neben der Schaltfläche >>Neu<< finden Sie diverse Optionen für die Erstellung des Screenshots, wobei >>Rechteckiges Ausschneiden<< meist eine gute Wahl sein wird.

Wiedergabe anhalten

Klicken Sie zunächst im Windows Media Player an der gewünschten Stelle des Videos auf >>Pause<<, öffnen Sie Snipping Tool und erstellen Sie den Screenshot, indem Sie bei gedrückter linker Maustaste mit dem Mauszeiger den auszuschneidenden Bereich markieren. Danach speichern Sie das Bild als Grafik- oder Fotodatei.

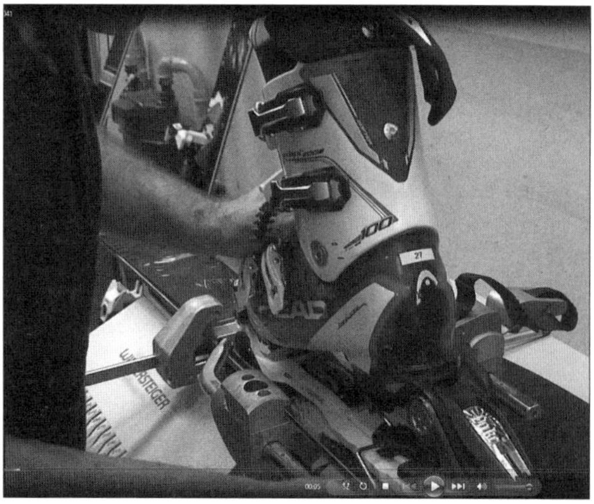

PhotoScape: Kostenlose Bildbearbeitungssoftware

Wenn Ihnen die wenigen Bildbearbeitungsmöglichkeiten der Windows-Fotogalerie oder ähnlicher Programme nicht mehr genügen, Ihnen Photoshop aber (noch) zu teuer und mit Funktionen überladen ist, dann bietet sich als kostenloser Einstieg in die anspruchsvollere Bildbearbeitung das Programm PhotoScape an (Download z.B. unter der Adresse http://photoscape.softonic.de). Einziger Wermutstropfen: Das Programm ist nicht durchgängig in deutscher Sprache gestaltet, es tauchen immer wieder englischsprachige Bezeichnungen und Erklärungen auf.

Eingeblendete Werbung am besten ignorieren

Nach dem Klick auf >>Download<< laden Sie den Installationsassistenten herunter, der nach dem Start (durch Doppelklick) alles Weitere erledigt. Die während der Installation eingeblendete Werbung ignorieren Sie am besten, und wenn Sie gefragt werden, ob Sie den Google Chrome-Browser installieren möchten, dann können Sie dies unterbinden, indem Sie die beiden Häkchen durch Klicken entfernen.

Bearbeitung erfordert Zeit und Geduld

Natürlich ist auch die Bedienung von PhotoScape nicht ganz simpel – dies ist bei der Bildbearbeitung kaum je der Fall, sondern sie erfordert immer Zeit und Geduld und eine ausreichende Einarbeitung. Trotzdem werden Sie bald schon die Möglichkeiten des Programms schätzen lernen, mit dem Sie rote Augen automatisch entfernen, Collagen erstellen, Fotos fast wie die Profis retuschieren und noch vieles mehr können. Eine Vorschauleiste und die an den Windows-Explorer angelehnte Darstellung der Ordnerstruktur erleichtern die Orientierung bei der Bildauswahl. Bitte vergessen Sie nicht, die Originalfotos sicher abzuspeichern und nur Kopien davon zu bearbeiten.

Mehr Möglichkeiten mit Paint.NET und GIMP

Weitere kostenlose Alternativen für die (semi-)professionelle Bildbearbeitung sind Paint.NET (www.getpaint.net) oder GIMP (www.gimp.org), die mit reichlicher Ausstattung punkten, aber auch etwas schwieriger zu bedienen sind.

IrfanView: Kostenloser Bildbetrachter

Seit die Digitalfotografie boomt, sind dem Knipsen kaum Grenzen gesetzt. Einziger Haken: Um nicht den Überblick zu verlieren, ist diszipliniertes Verwalten gefragt.

Ersatz für Picasa und Co.

Eine Hilfestellung bietet dazu etwa das freie Programm IrfanView, mit dem sich so gut wie alle Bildformate anzeigen, konvertieren und in kleinem Umfang auch bearbeiten lassen. Wer bisher auf die Google-Fotoverwaltungssoftware Picasa gesetzt hat, die nicht mehr weiterentwickelt wird, findet in IrfanView eine praktische Alternative. Und auch im Vergleich zur Windows-eigenen Fotoanzeige lassen sich die Fotos komfortabler verwalten. Das Programm finden Sie unter www.irfanview.com; dort Klick auf >>Deutsche Version<<. Nach der Installation lässt sich die Sprache der Programmoberfläche auf Deutsch ändern (>>Options/Change language<<).

Tastaturkürzel

Die Funktionen können über die Menüleiste angesteuert werden, wesentlich schneller läuft die Arbeit aber mit Tastaturkürzeln. Mit dem Drücken der Taste T (für „Thumbnails") verschaffen Sie sich ähnlich wie im Windows-Explorer einen Überblick aller Bilder über Miniaturansichten. In dem aufscheinenden Fenster lässt sich auf der linken Seite der Speicherort auswählen, um von hier aus anhand einer Vorschau Bilder zu öffnen. Mit Enter (Eingabetaste) öffnet sich der Vollbildmodus, mittels L und R drehen sich die Bilder nach links bzw. rechts und mit S wird der Speicherort ausgewählt, wo Sie nach Wunsch auch ein neues Dateiformat auswählen können.

Mehrere Bilder konvertieren, umbenennen und speichern

Ein besonderer Vorteil des Programms: Mittels Stapelverarbeitung können Sie bestimmte Funktionen auf mehrere Bilder gleichzeitig anwenden. Sind Sie über die Taste T bei der Anzeige des gewünschten Ordners angelangt, können Sie die Bilder, die bearbeitet werden sollen, auf übliche Weise markieren (► Seite 21). Klicken Sie nun mit der rechten Maustaste auf eines der ausgewählten Fotos, öffnet sich ein Menü, mit dessen Hilfe

Sie alle gewählten Dateien umbenennen, verschieben, löschen, konvertieren oder als E-Mail verschicken können.

Batch-Konvertierung

Die Option >>Batch-Konvertierung mit selektierten Bildern...<< vereint diese Schritte in einem Menü: Markieren Sie nun in dem aufscheinenden Fenster „Batch-Konvertierung", können Sie sich unter „Zielformat" etwa für GIF, JPG oder PNG (als häufigste Formate für Internet und digitalen Versand) entscheiden. Über den Button >>Optionen<< können Sie bei Dateiformaten wie JPG nach Wunsch auch eine Kompressionsrate wählen, um Bilder mit kleiner Dateigröße zu erhalten. Wählen Sie nun noch über den Button >>Durchsuchen<< ein neues Zielverzeichnis aus und klicken anschließend auf >>Starten<<, wandern die umgewandelten Fotos automatisch in diesen Ordner.

Plug-Ins und Anleitungen

Über Plug-Ins, die ebenfalls auf der Anbieterseite verfügbar sind, können Sie das Programm bei Bedarf durch zusätzliche Funktionen den eigenen Bedürfnissen anpassen. Zuletzt noch ein hilfreicher Link mit der Beschreibung etlicher Funktionen: www.arnd.de/irfan.html.

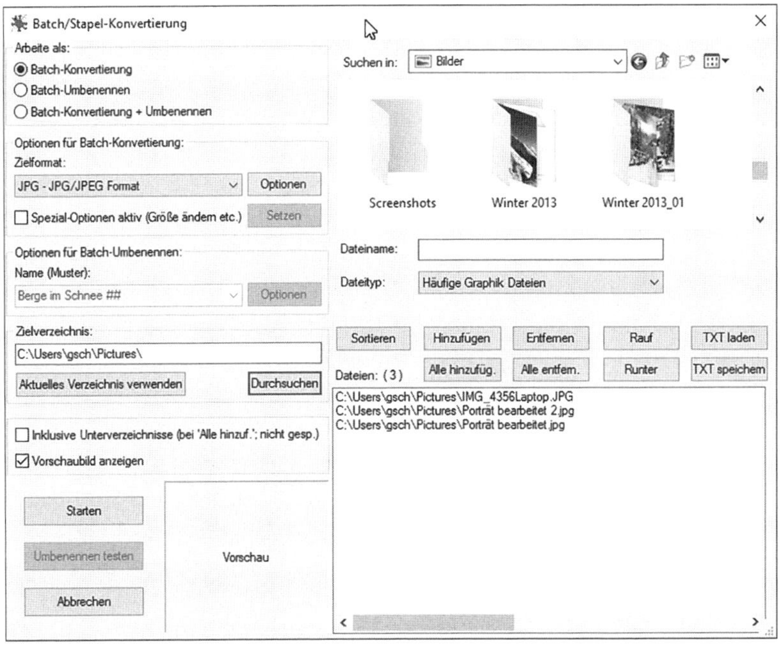

Online-Bildbearbeitung auf pixlr.com

Auf http://pixlr.com/editor können Sie kostenlos mit einem professionellen Werkzeug Ihre Fotos online bearbeiten.

Schnell und vielseitig

Es handelt sich um einen schnellen und vielseitigen Fotoeditor, der kostenlos und ohne Installation via Browserfenster bedient wird. Fotos lassen sich ganz einfach von der Festplatte Ihres Computers hochladen. Danach steht Ihnen eine große Palette an kreativen Möglichkeiten offen, wie sie auch die Profis verwenden.

Korrekturen, Filter, Ebenen

Dazu gehören Korrekturen von Helligkeit, Kontrast, Farben oder roten Augen und ebenso das Anfertigen von Bildausschnitten sowie fortgeschrittene Möglichkeiten wie das Freistellen von Objekten, der Einsatz sogenannter Filter für diverse Bildeffekte, das Einfügen von Text oder das Erstellen verschiedener Bildebenen, die hintereinander angeordnet sind und unabhängig voneinander bearbeitet werden können.

Erstaunliche Ergebnisse

Mit den auf pixlr.com bereitgestellten Werkzeugen lassen sich erstaunliche Ergebnisse erzielen. Allerdings gilt hier genauso wie bei den gekauften Programmen: Das Arbeiten damit will in mühsamer Kleinarbeit gelernt sein. Die Hilfeseiten zu pixlr.com sind nur auf Englisch verfügbar, was das Lernen bestimmt nicht einfacher macht.

Versuche, ohne Schaden anzurichten

Andererseits bietet sich hier die Möglichkeit, einfach einmal ins Blaue hinein Versuche anzustellen, ohne Schaden anrichten zu können. Die einzige wichtige Voraussetzung: Solange Sie nicht wirklich wissen, was Sie tun, sollten Sie niemals das Original eines Fotos bearbeiten, sondern immer nur eine Kopie davon, die Sie am besten in einem eigenen, deutlich gekennzeichneten Ordner abspeichern.

Weitere kostenpflichtige Angebote

Pixlr bietet mehrere sogenannte Web-Apps, mit denen die Fotos online bearbeitet werden können, aber auch eine kostenpflichtige Offline-Version zum herunterladen und installieren.

VisiPics: Dubletten aufspüren

Digitalfotos sind schnell geknipst, aber man verliert auch leicht den Überblick. VisiPics hilft beim Auffinden ähnlicher oder identischer Fotos.

Daten reduzieren

Die Digitalfotografie macht's möglich: Selbst bei Geburtstagsfeiern werden oft mehrere hundert Fotos geschossen und erst recht auf einer Urlaubsreise. Eine große Anzahl an Bildern bedeutet allerdings auch eine entsprechende Menge an Daten, welche – zum Teil unnötigerweise – die Festplatte füllen.

Mehrfache Ablichtung einzelner Motive

Unnötig deshalb, weil man oft weder beim Fotografieren noch danach lange überlegt und aussortiert, sondern einfach bestimmte Motive mehrfach ablichtet – man denke nur an den beliebten Sonnenuntergang am Meer. Oder man vergisst die eine oder andere Kopie, die man von einem Foto angelegt hat, etwa um sie zu bearbeiten.

VisiPics erkennt ähnliche Fotos

Spezieller (kostenloser) Software sei Dank, kann man aber nachträglich den Bildbestand automatisiert sichten lassen. VisiPics ist eines jener Programme, welche diese Arbeit von selbst erledigen (Informationen unter www.visipics.info, der Download erfolgt dann über www.fosshub.com/VisiPics; Klick auf den kleinen Downloadlink >>Download VisiPics Installer<<; Umstellen der Sprache unter „Options/Languages") VisiPics ist in der Lage, ähnliche oder identische Fotos zu erkennen und nebeneinander darzustellen. Die Trefferquote ist erstaunlich hoch. So können Sie Dubletten vergleichen, diese verschieben oder löschen. Bevor Sie den Suchlauf mittels Pfeiltaste starten, fügen Sie den oder die zu durchsuchenden Ordner durch Markieren und Klick auf die Plus-Taste in das kleine Fenster hinzu.

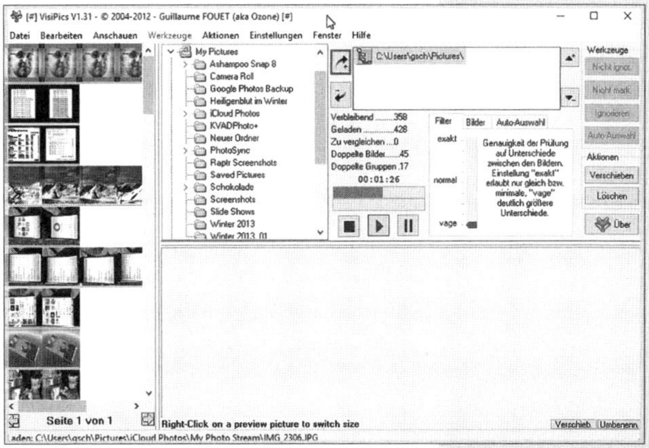

PosteRazor: Poster aus Fotos erstellen

(Online-)Fotodienste, bei denen man aus eigenen Fotos Poster ausarbeiten lassen kann, gibt es viele. Die preisgünstigere Variante ist der Selbstausdruck, wobei Sie freilich Kompromisse eingehen müssen.

Poster müssen zusammengeklebt werden

Herkömmliche Drucker für den Hausgebrauch können Sie ja meist nur mit (Foto-)Papier im Format A4 befüllen, eventuell auch A3. Großformatige Poster bestehen somit zwangsläufig aus Einzelteilen, die Sie zusammenkleben müssen. Trotzdem ist die Wirkung immer noch beeindruckend – eine entsprechende Auflösung des Ausgangsfotos vorausgesetzt.

Poster erstellen leicht gemacht mit PosteRazor

Ein kostenloses Programm, welches die einfache Erstellung eines Posters ermöglicht, ist z.B. PosteRazor (Download unter http://posterazor.sourceforge.net/?lang=german). Ist das Programm einmal installiert, sind die weiteren Schritte selbsterklärend. Laden Sie das Ausgangsfoto, legen Sie das verwendete Papierformat fest, die Überlappungsbereiche zum einfacheren Aneinanderkleben, bestimmen Sie die gewünschte Postergröße und speichern Sie das Poster danach als PDF-Datei.

Ausdrucken mit dem Adobe Reader

Zum Ausdrucken benötigen Sie dann noch einen PDF-Reader, wie z.B. den Adobe Reader (► Seite 71). Gehen Sie im Adobe Reader auf >>Drucken<<, dann finden Sie dort die Option >>Poster<<. Mithilfe der Prozenteingabe im Feld „Teileskalierung" passen Sie die Größe Ihres Posters an. Klicken Sie nach der Eingabe mit der linken Maustaste auf das Vorschaubild, dann wird dieses aktualisiert und Sie sehen, aus wie vielen Blättern Ihr Poster besteht. Sollten Sie ein vorhandenes oder auf anderem Wege erstelltes PDF als Poster ausdrucken wollen (also ohne dass Sie PosteRazor verwendet haben), dann können Sie auch im Adobe Reader einen Überlappungsbereich in Millimetern eingeben, damit das Zusammenkleben einfacher wird. Bitte seien Sie nicht enttäuscht: Herkömmliche Drucker können nicht randlos drucken. Sie werden mit Messer oder Schere nacharbeiten müssen.

iTunes parallel nutzen

iTunes ist die Musikverwaltungssoftware von Apple, die es ja auch für Windows-Computer gibt. Mit Ihrem iTunes-Benutzerkonto (Apple-ID) können Sie bis zu zehn Geräte anmelden und darauf z.B. Ihre Musik abspielen. Der Online-Sevice iCloud sorgt dafür, dass diese (bis zu einer gewissen Speichergrenze) kostenlos auf allen Geräten synchronisiert wird.

Nicht alles wird synchronisiert

Allerdings handelt es sich nur um jene Musikdateien, die Sie direkt bei Apple gekauft haben. Importierte CDs oder Einkäufe bei anderen Anbietern werden nur dann synchronisiert, wenn Sie den kostenpflichtigen Dienst iTunes Match verwenden. Andererseits möchten gar nicht alle Nutzer ihre Daten der „Wolke" im Internet anvertrauen.

1:1 übertragen

Falls Sie nur die Musikdateien auf einem anderen Computer in iTunes importieren, dann fehlen die individuellen Wiedergabelisten, d.h. Sie müssten mühsam wieder Ordnung in Ihre Musiksammlung bringen. Es gibt aber einen ganz einfachen Weg, eine 1:1-Kopie auf den anderen Computer zu bringen. Sowohl am Windows-PC als auch auf dem Mac finden Sie in der Bibliothek „Musik" einen Ordner namens „iTunes". Kopieren Sie diesen Ordner z.B. auf einen USB-Stick, stecken Sie diesen am zweiten Gerät an, stellen Sie sicher, dass iTunes dort geschlossen ist, und ersetzen Sie den vorhandenen iTunes-Ordner durch die Kopie.

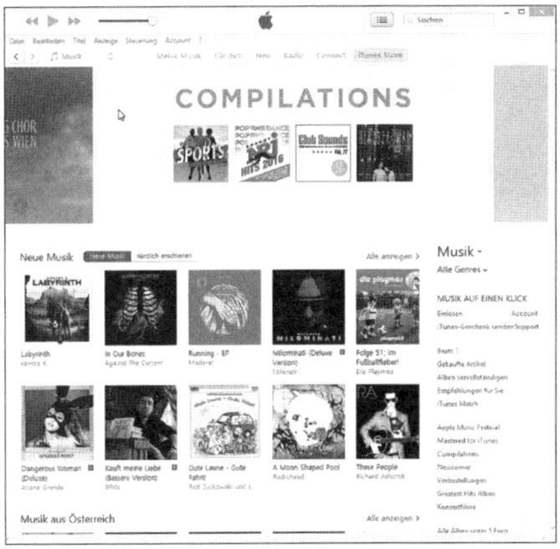

Exakte Kopie

Wenn Sie das Programm nun öffnen, haben Sie auf Ihrem zweiten Computer eine exakte Kopie der iTunes-Inhalte vor sich. Diese Methode des herkömmlichen Kopierens empfiehlt sich auch zum Anlegen einer Sicherungskopie Ihrer Musiksammlung. Auf diese Weise können Sie diese jederzeit wiederherstellen.

Windows Media Player: Musik übersiedeln

Wenn Sie Ihre Musikdateien mit dem Windows Media Player (WMP) organisieren, können Sie diese – ähnlich wie oben für iTunes beschrieben – samt den individuellen Wiedergabelisten sichern und wiederherstellen bzw. ist es mit etwas Mühe auch möglich, diese zu übersiedeln.

Auf zwei Ordner verteilt

Die Musikdateien und Wiedergabelisten sind leicht auffindbar im Ordner >>Eigene Musik<< gespeichert. Die dazugehörige Datenbank finden Sie in Windows 7, 8.1 und 10 unter >>C:\Benutzer\(Benutzername)\AppData\Local\Microsoft<<. Sichern Sie den Ordner >>Media Player<< [Ein Tipp, falls Sie nicht alle genannten Ordner finden: Klicken Sie in der Explorer-Menüleiste von Windows 8.1 und 10 auf >>Ansicht/Ausgeblendete Elemente<<. Im Explorer von Windows 7 erscheint die Menüleiste nach Drücken der Taste Alt. Danach: >>Extras/Ordneroptionen/Ansicht/(Erweiterte Einstellungen)/(Versteckte Dateien und Ordner)/Alle Dateien und Ordner anzeigen/OK<<]. Entscheidend ist, dass Sie – z.B. beim Kopieren auf einen anderen Computer – sämtliche Dateien wieder den passenden Verzeichnissen auf der Festplatte zuordnen, damit der WMP sie wiederfindet.

Schwierige Übersiedlung

Während man in iTunes über die Einstellungen den Speicherort der Musiksammlung verändern und so z.B. auch eine externe Festplatte wählen kann, gestaltet sich dies beim WMP schwierig, weil das Programm es eigentlich nicht vorsieht. Die selbst erstellen Wiedergabelisten werden beim herkömmlichen Kopieren nämlich nicht mit übersiedelt. Was im WMP auf einfache Weise möglich ist, ist das Einbinden zusätzlicher „überwachter Ordner", die Musikdateien enthalten (>>Organisieren/Bibliotheken verwalten/Musik<<). Der WMP versammelt diese dann zentral an einem Platz, ohne jedoch deren Originalspeicherort zu verändern.

Die richtige Vorgangsweise

Doch nun zurück zur richtigen Vorgangsweise beim Übersiedeln: Die Musikdateien plus die Wiedergabelisten gesammelt in einen neuen

Ordner (z.B. >>Meine Musik<<) auf dem gewünschten Datenträger kopieren, im WMP unter >>Organisieren/Bibliotheken verwalten/Musik<< den überwachten Ordner ändern und dann – als wichtigsten, heikelsten und aufwendigsten Schritt – mit dem unter dem Windows-Zubehör zu findenden Programm „Editor" die Wiedergabelisten der Reihe nach öffnen und für jeden darin enthaltenen Titel den Dateipfad entsprechend dem neuen Speicherort ändern. Dieser Dateipfad wird auch im Fenster mit den überwachten Ordnern angezeigt. Dahinter steht dann jeweils die entsprechende Musikdatei.

Pfadangabe ändern

Befindet sich der neue Speicherort also auf einer externen Festplatte, dann könnte die Dateipfadangabe in der Wiedergabeliste beispielsweise lauten: >>E:\Meine Musik\The Beatles\Let It Be\Get Back.mp3<<. Vor dem Verschieben der Musikdateien hätte der Pfad z.B. folgendermaßen gelautet: >>C:\Benutzer\(Benutzername)\Eigene Musik\The Beatles\Let It Be\Get Back.mp3<<. Wie Sie sehen, müssen Sie nur einen Teil des Pfades neu eingeben, weil Sie die Musikdateien selbst und deren Unterordner ja nicht verändern. Beachten Sie, dass Sie bei Pfadangaben nicht den herkömmlichen, nach rechts geneigten Schrägstrich (engl. Slash), sondern den nach links geneigten (engl. Backslash) setzen müssen (Tastenkombination: Alt Gr+ß).

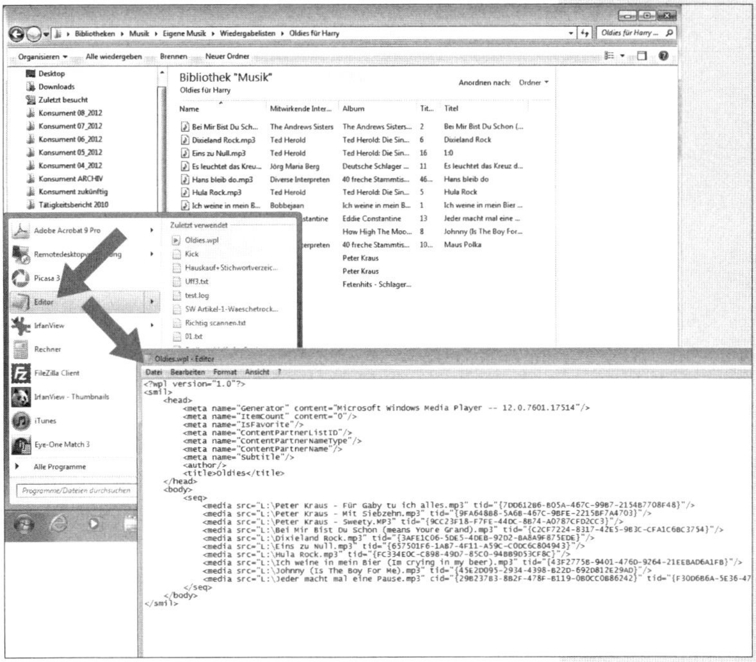

MediathekView und VLC-MediaPlayer

Die kostenlose Software MediathekView versammelt das aktuelle Mediatheken-Angebot der Öffentlich-Rechtlichen (inklusive 3sat und ARTE) übersichtlich an einem Platz.

Videorecorder

Zusätzlich kann sie quasi als Videorecorder verwendet werden, d.h. Sendungen, die ja in der Regel nur eine Woche lang online verfügbar sind, können damit auf die Festplatte heruntergeladen und verwaltet werden. Besonders bequem: Man kann Abos anlegen, um keinen Teil einer Serie zu verpassen.

Schnelle Installation

Der Download von MediathekView ist über die Adresse http://sourceforge.net/projects/zdfmediathk (sic!) möglich. Es handelt sich um einen komprimierten Zip-Ordner (siehe auch ► Seite 46), den Sie anschließend im Windows-Explorer extrahieren (und dabei am besten gleich in den Programme-Ordner verschieben).

Schneller Start

Im MediathekView-Ordner befindet sich eine als „Anwendung" gekennzeichnete gleichnamige Datei. Ein Doppelklick darauf startet das Programm bzw. können Sie mittels Rechtsklick eine Desktop-Verknüpfung erstellen oder das Programmsymbol an die Taskleiste anheften, damit Sie in der Folge schnelleren Zugriff darauf haben.

Abspielen mit VLC-MediaPlayer

Abspielen lassen sich die Dateien am besten mit dem VLC-MediaPlayer (Download: www.videolan.org/vlc), der auf MediathekView abgestimmt ist. Er hat den zusätzlichen Vorteil, dass Sie damit die aufgezeichneten Videos während der Wiedergabe mitschneiden und somit ohne zusätzliches Schnittprogramm auch nur Ausschnitte daraus archivieren können (natürlich alles nur für die rein private Nutzung). Dazu gehen Sie im VLC-Player auf >>Ansicht/Erweiterte Steuerung<< und wählen davor noch unter >>Werkzeuge/Einstellungen/Input_Codecs/Dateien<< den gewünschten Speicherort. MediathekView ist auch für Mac OS X und Linux verfügbar, ebenso der VLC-Player.

WhatsApp am Tablet

Allen Datenschutzbedenken zum Trotz hat sich WhatsApp innerhalb kurzer Zeit auch hierzulande zum millionenfach genutzten Messenger entwickelt, während die einst boomende SMS nur noch ein Schattendasein führt. Die Nachrichten (und Telefonate) selbst werden mittlerweile verschlüsselt übertragen, die Kontakt- und Verbindungsdaten, auf die WhatsApp zwangsläufig Zugriff hat, werden vom Anbieter jedoch weiterhin ausgewertet.

Gespiegelt am Bildschirm

Daneben bietet WhatsApp die Möglichkeit, die Smartphone-App auf dem Computerbildschirm zu spiegeln, sofern sich beide Geräte in selben WLAN befinden. Die Vorteile sind klar, nämlich die größere Darstellung und die Nutzung der Computertastatur. Wie's geht, wird auf der Internetseite erklärt, über die man den WhatsApp Web genannten Dienst startet (https://web.whatsapp.com/).

Desktop-Version des Browsers

Was viele Nutzer vermissen, das sind anbietereigene Apps für Android-Tablets bzw. iPads. Um WhatsApp trotzdem auf Tablets nutzen zu können, muss man einen Trick anwenden. Dazu öffnet man die oben genannte Internetseite im Browser, und zwar bevorzugt Firefox für Android, Chrome oder Apples Safari. Browser sind nämlich darauf programmiert, automatisch die mobile Ausgabe von Internetseiten abzurufen, aber nicht alle bieten – so wie die genannten – die zusätzliche Möglichkeit, die Desktop-Version der jeweiligen Seite anzufordern. Dies erfolgt über die Einstellungen bzw. im Safari-Browser über das quadratische Symbol mit dem nach oben weisenden Pfeil.

Spiegelung auf das Tablet

Erst dann erscheint auch auf dem Tablet die gewünschte Ansicht mit dem QR-Code, den man mit der Smartphone- Kamera einscannt. So wird dann die Verbindung zu WhatsApp hergestellt und die App wird am Tablet gespiegelt. Wie gehabt müssen sich beide Geräte im selben WLAN befinden. Öffentliche Hotspots sollte man meiden, aber für zu Hause ist dies eine komfortable Möglichkeit, ausgiebig über WhatsApp zu chatten.

Sicherheit und Datenschutz

In Summe überwiegen die Vorteile von Computer, Internet und E-Mail – Umsicht und Vorsichtsmaßnahmen sind trotzdem angebracht.

Suchmaschinen: Anonym suchen

Anonymität im Internet ist zwar eine Illusion, doch die Nutzung alternativer Suchmaschinen ist sinnvoll. Sie garantiert nämlich, dass Ihre Sucheingaben nicht an den Anbieter und in der Folge an Dritte weitergegeben werden, wie es etwa bei Google der Fall ist. Zusammen mit weiteren Daten aus anderen Quellen entsteht dort im Laufe der Zeit ein zwar anonymisiertes, aber doch sehr konkretes Nutzerprofil, welches z.B. für interessenorientierte Werbeeinschaltungen verwendet wird.

Alternative Anbieter

Infrage kommen alternative Suchmaschinen wie https://duckduckgo.com, https://startpage.com, https://metager.de, https://qwant.com und https://unbubble.eu. Sie alle gewähren Anonymität so lange, bis Sie auf einen der Links klicken. Danach bewegen Sie sich wieder offen im Internet. Viele dieser Suchmaschinen haben zwar mittlerweile auch die Möglichkeit des anonymen Öffnens von Webseiten via Proxyserver inkludiert, allerdings beeinträchtigt dies Geschwindigkeit und Funktionalität und ist eher nur für den fallweisen Einsatz praktikabel.

Alltagskompromiss

Für den Alltag sinnvoller ist ein Kompromiss in der Form, dass Sie in den Browsereinstellungen die Annahme von Drittanbieter-Cookies deaktivieren und so die Nachverfolgbarkeit reduzieren.

Verschiedene Suchergebnisse

Die Suchergebnisse der diversen Dienste sind teils sehr unterschiedlich, weshalb es sich lohnen kann, mehrere auszuprobieren. Sollten Sie die Google-Suche vermissen, dann bietet sich Startpage an. Dieser Dienst verwendet standardmäßig die Google-Suche, leitet aber trotzdem keine Daten weiter.

DuckDuckGo mit Rufzeichen

Bei einer DuckDuckGo-Suche lässt sich durch Anfügen von „!G" ebenfalls eine (verschlüsselte) Google-Suche durchführen. Auch andere Suchen lassen sich durch diese Ergänzungen unmittelbar ausführen. Eine englischsprachige Beschreibung dazu finden Sie unter der Adresse https://duckduckgo.com/bang.

Virenschutz unter Windows

Kein PC sollte ohne Virenschutz und Firewall mit dem Internet verbunden sein. (Kostenpflichtige) Drittanbietersoftware ist hier die beste Lösung, wobei Sie sich allerdings immer nach aktuellen Testergebnissen umschauen sollten.

Microsofts eigene Lösung

Ein Kompromiss nach dem Motto „Jeder Virenschutz ist besser als gar keiner" ist das kostenlose Angebot von Microsoft selbst, das in Tests bisher meist durchschnittlich abgeschnitten hat. Einen Vorteil hat diese Lösung aber: Sie besteht „aus einem Guss" und läuft ressourcenschonend im Hintergrund.

Download unter Windows 7

Mit dem Betriebssystem Windows 7 mitgeliefert wurde nur die Firewall, die den ein- und ausgehenden Datenverkehr kontrolliert. Um den Virenschutz mussten und müssen Sie sich selbst kümmern, etwa bei einer Neuinstallation des Betriebssystems. Die erwähnte Lösung sind die „Microsoft Security Essentials" – zu finden unter http://windows.microsoft.com/de-AT/windows/security-essentials-download.

Datenweitergabe

Standardmäßig ist vorgesehen, dass sicherheitsrelevante Informationen an Microsoft gesendet werden. Die Datenübertragung erfolgt zwar anonym und dient der Verbesserung des Produkts, trotzdem bleibt ein bitterer Beigeschmack. Bei der Installation kann man diese Teilnahme jedoch durch Deaktivieren der Häkchen bei den jeweiligen Beschreibungen verweigern.

Automatische Updates

Zum Ende der Installation wird man noch gefragt, ob die Datenbank der Virendefinitionen aktualisiert werden soll. Dem sollte man auf jeden Fall zustimmen, um auf dem aktuellsten Stand zu sein. Einmal installiert, läuft das Programm unbemerkt im Hintergrund und aktualisiert sich von nun an automatisch. Sie können es in der Standardeinstellung belassen. Der Vollständigkeit halber sollten Sie lediglich unter >>Einstellungen/Erweitert<< die Option „Wechseldatenträger überprüfen" aktivieren.

Virenschutz unter Windows 8.1 und 10

Windows 8.1 ist als erste Version ab Werk mit einem Virenschutzprogramm ausgestattet, welches von Beginn an automatisch aktiv ist. Er trägt nur einen anderen Namen: „Windows Defender". Auch unter Windows 10 wird dieser mitgeliefert und erfordert keine weitere Softwareinstallation von Drittanbietern. Bei den älteren Windows-Versionen war dies die Bezeichnung für den integrierten Spyware-Schutz („Spionagesoftware"), nun handelt es sich um einen vollwertigen Virenscanner.

Windows Defender aufrufen

Zum Windows Defender gelangen Sie über Klick auf das Windows-Symbol, dann >>Alle Apps (= unter Windows 8.1 der nach unten weisende Pfeil im Kreis)/Windows-System<<, unter Windows 10 auch über >>Windows-Symbol/Einstellungen/Update und Sicherheit/Windows Defender<<. Oder Sie geben einfach den Programmnamen ins Suchfeld ein. In den Einstellungen können Sie aus Datenschutzgründen die „Automatische Übermittlung von Beispielen" deaktivieren, eventuell auch den cloudbasierten Schutz, der andererseits Microsoft dabei hilft, schneller auf mögliche neue Bedrohungen zu reagieren. Seit dem Windows 10-Update vom Sommer 2016 neu ist die Funktion „Windows Defender Offline". Sie kann laut Microsoft dabei helfen, besonders hartnäckige Schadsoftware vom Computer zu entfernen. Unter Windows 10 öffnen Sie mittels des entsprechenden Links das Programm selbst.

Vollständige Überprüfung der Festplatte

Erscheinungsbild und Funktionsweise entsprechen im Großen und Ganzen jenen der oben genannten „Microsoft Security Essentials". An sich ist es nicht nötig, Einstellungsänderungen vorzunehmen. Sollten Sie allerdings den Verdacht auf Virenbefall Ihres Computers haben, dann können Sie im Windows Defender unter >>Startseite<< manuell eine vollständige Überprüfung der Festplatte veranlassen. Und unter „Überprüfungsoptionen/Benutzerdefiniert" kann die Wechseldatenträgerüberprüfung von Nutzen sein, um beispielsweise USB-Sticks auf Schadsoftware zu testen.

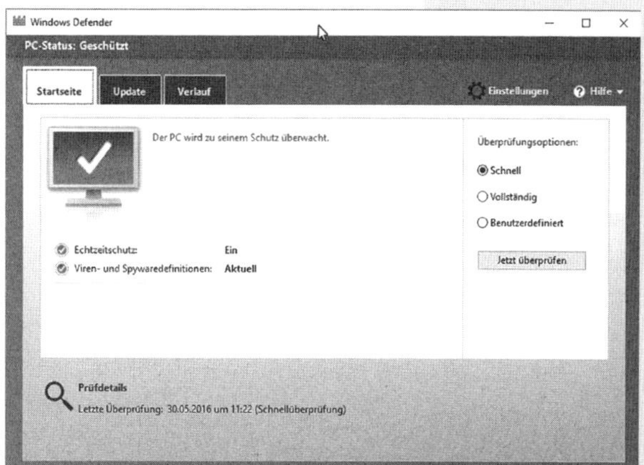

Windows lokal nutzen: Verzicht auf die Cloud

Bei der Einrichtung eines neuen Windows-PCs wird einem ein Microsoft-Konto geradezu aufgedrängt und man übersieht die Option, den Rechner ganz klassisch mit einem lokalen Benutzerkonto zu verwenden. Microsoft-Konto bedeutet nicht zuletzt, dass man jedes Mal beim Hochfahren automatisch mit dem OneDrive, also Microsofts Online-Festplatte verbunden wird. Diese wird wie ein herkömmliches Laufwerk in den Windows-Explorer eingebunden und kann der ortsunabhängigen Speicherung der persönlichen Dateien, der Sicherung der wichtigsten Computereinstellungen sowie der Synchronisation zwischen mehreren Geräten dienen. Man kann aber z.B. auch Fotos mit anderen teilen.

Datenschutzbedenken

An sich eine praktische Sache, aber es gibt Bedenken betreffend den Datenschutz. Die Bezeichnung Cloud (Wolke) kann nicht darüber hinwegtäuschen, dass es sich um große externe Festplatten handelt, deren Standort sich in den USA befindet. Die laufende Kommunikation der heutigen Betriebssysteme mit dem Internet ist ohnehin gegeben, da sind viele Nutzer nicht daran interessiert, auch noch freiwillig Daten hochzuladen.

Lokales Benutzerkonto

Möchten Sie auf den OneDrive verzichten, dann gibt es zwei Möglichkeiten. Die eine ist das erwähnte lokale Benutzerkonto. Falls Sie dieses bei der Ersteinrichtung übersehen haben, stellen Sie in der Kachelansicht von Windows 8.1 den Mauszeiger in die rechte obere Ecke und bewegen ihn am rechten Bildrand entlang ein Stück nach unten. In der nun eingeblendeten schwarzen Leiste (Charms-Leiste) klicken Sie auf >>Einstellungen/PC-Einstellungen ändern/Konten<<. Im großen Fenster rechts können Sie nun Ihren Computer vom Microsoft-Konto trennen. Nach Eingabe Ihres aktuellen Kennworts zur Bestätigung Ihrer Zugriffsrechte erhalten Sie die Möglichkeit, ein lokales Konto mit Benutzernamen und Kennwort Ihrer Wahl zu erstellen. Bei Windows 10 findet sich das angemeldete Konto unter >>Einstellungen/Konten/Ihre E-Mail Adresse und Konten bzw. Ihre Infos<< und kann dort in ein lokales Konto geändert werden.

OneDrive-Start verhindern

Möchten Sie hingegen die Kontoeinstellungen unverändert lassen, um sich nicht umgewöhnen zu müssen, dann können Sie auch den automatischen OneDrive-Start unterbinden. Die Option findet sich nicht wie sonst üblich im Autostart, sondern ist tiefer im System versteckt. Halten Sie die Windows-Taste nieder und drücken Sie den Buchstaben R. In das Eingabefeld des „Ausführen"-Fensters geben Sie nun gpedit.msc ein und klicken auf >>OK<<. Unter >>Computerkonfiguration/Administrative Vorlagen/Windows-Komponenten<< befindet sich in einer langen Liste auch ein Ordner namens OneDrive. Darin finden sie die Option >>Verwendung von OneDrive für die Dateispeicherung verhindern<<. Ein Doppelklick öffnet ein weiteres Fenster. Wenn Sie darin nun die Option „Aktiviert" markieren und mit >>OK<< bestätigen, dann wird der OneDrive beim nächsten Hochfahren nicht mehr gestartet (Die Optionen „Deaktiviert" oder „Nicht konfiguriert" bewirken hingegen, dass sich der Computer ab dem nächsten Hochfahren wieder standardmäßig mit dem OneDrive verbindet).

Microsoft-Konto bleibt bestehen

In beiden Fällen können Sie sich bei Bedarf immer noch online über den Internetbrowser mit Ihrem Microsoft-Konto verbinden und den OneDrive, Microsofts Webmaildienst Outlook.com und Internettelefonie via Skype nutzen oder Änderungen an den Kontoeinstellungen vornehmen. Und auch das endgültige Löschen des Microsoft-Kontos kann nur online erfolgen (unter >>Sicherheit und Kennwort/Schließen Ihres Kontos<<).

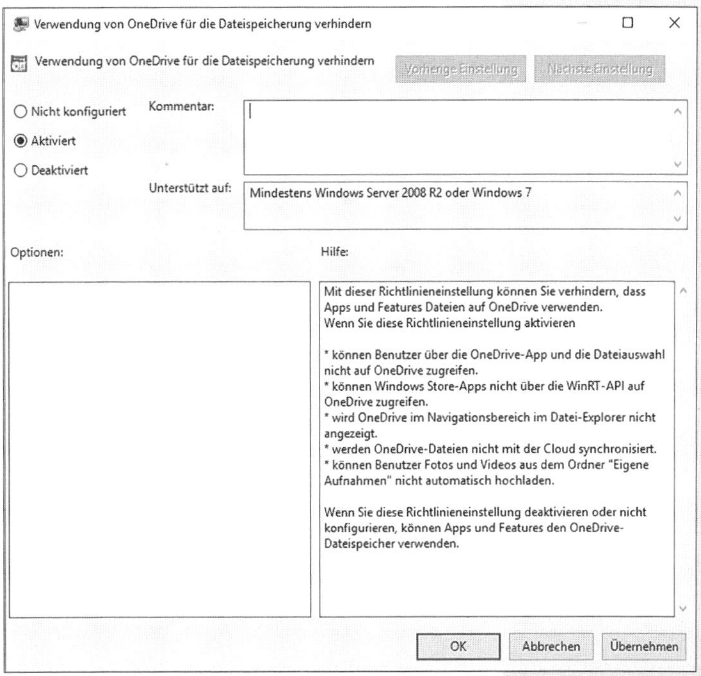

Persönliche Daten aus Office-Dateien entfernen

Wählen Sie z.B. ein beliebiges Word-Dokument, klicken Sie mit der rechten Maustaste darauf und dann auf die Option >>Eigenschaften/Details<<. Sie werden sehen, dass hier jener Name aufscheint, den Sie bei der Erstellung Ihres Benutzerkontos auf dem Computer angegeben haben.

Standardmäßig hinzugefügt

Dazu kommen weitere Details, die Dritte nichts angehen, die aber standardmäßig gespeichert werden und die jede Person auslesen kann, die auf das betreffende Dokument Zugriff hat. Dies ist auch dann der Fall, wenn Sie es per E-Mail versenden oder es auf einem Datenträger abgespeichert weitergeben. Die Office-Versionen bieten Werkzeuge an, um diese sogenannten Metadaten gezielt aus jenen Dokumenten zu entfernen, die man weitergeben möchte.

Trust Center

Die Einstellungen bezüglich Sicherheit und Datenschutz in den Dokumenten nehmen Sie im sogenannten „Trust Center/Sicherheitscenter" vor. In den aktuellen Office-Programmen befindet sich dieses unter der Registerkarte >>Datei<< und dort unter den >>Optionen<<. Nachdem Sie auf >>Einstellungen für das Sicherheitscenter/Trust Center<< geklickt haben, finden Sie dort allerlei Möglichkeiten.

Dokumentprüfung in Office 2010, 2013 und 2016

Bezogen auf das geöffnete Dokument navigieren Sie am besten zu >>Datei/Informationen<< und klicken dann auf >>Auf Probleme überprüfen/Dokument prüfen<<. Dort erhalten Sie eine sehr ausführliche Übersicht, um vorhandene Daten gezielt zu entfernen. Neben den persönliche Informationen wie Benutzername oder E-Mail-Kopfzeilen, können Sie dort auch Kommentare, Überarbeitungen und Anmerkungen herauslöschen, bevor Sie das Dokument an Dritte versenden.

Dokumentprüfung in Office 2007

Hier klicken Sie auf die Microsoft Office-Schaltfläche in der oberen linken Ecke und dann auf >>Fertig stellen/Dokument prüfen<<, um den Dokumentinspektor zu öffnen.

Eraser: Daten sicher löschen

Wenn Sie sich von Ihrem PC, von einer externen Festplatte oder einem USB-Stick trennen, dann empfiehlt es sich, die darauf vorhandenen persönlichen Daten zu löschen. Das Verschieben in den Papierkorb mit anschließendem Löschen oder das Formatieren der Festplatte sind unzureichende Maßnahmen. Die vorhandenen Daten werden beim „Löschen" in Wahrheit nur als gelöscht markiert und können wiederhergestellt werden.

Erwünschtes Chaos

Eine einfache Möglichkeit, Abhilfe zu schaffen, ist das kostenlose Programm „Eraser" (http://eraser.heidi.ie). Der Trick ist, dass das Programm die Dateien nach einem nicht nachvollziehbaren Schema überschreibt. Zurück bleibt sozusagen ein nicht mehr entwirrbares Chaos, wovon die Funktion des Datenträgers aber unbeeinträchtigt bleibt. Die Ersteinrichtung ist relativ komplex und das Programm ist nur in englischer Sprache erhältlich. Deshalb finden Sie hier eine ausführliche Installations- und Bedienungsanleitung. Den Großteil der im Folgenden beschriebenen Schritte müssen Sie aber lediglich einmal durchführen.

Download und Installation

- http://eraser.heidi.ie aufrufen.
- Unter >>Forum/Eraser Support/Eraser FAQ/Common Eraser Questions<< informieren, welches die aktuelle stabile Version (stable release) ist.
- Mausklick auf >>Downloads<<.
- Die entsprechende Version anklicken.
- Es erscheint das Download-Fenster des Browsers und Sie speichern die mit „.exe" endende Datei ab (landet standardmäßig im Download-Ordner).
- Der Doppelklick auf die heruntergeladene Eraser-Datei öffnet die Sicherheitsabfrage der Benutzerkontensteuerung. Diese mit >>Ja<< bestätigen.
- Das Programm installiert das Microsoft .NET Framework. Sollte bereits eine jüngere Version auf Ihrem PC installiert

sein, kommt eine Fehlermeldung, die Sie >>Schließen<<, woraufhin das Fenster des Installationsassistenten („Setup Wizard") erscheint.
- Im Fenster des Installationsassistenten auf die Schaltfläche >>Next<< klicken.
- Im nächsten Fenster das Kästchen „I accept the terms in the License Agreement" anhaken, womit Sie den Lizenzbedingungen zustimmen. Weiter mit >>Next<<.
- Nun Klick auf >>Typical<< und danach auf >>Install<<, wodurch die Standard-Installation beginnt.
- Warten, bis der grüne Balken verschwunden ist, und im Fenster die Meldung „Completed the Eraser (Versionsnummer) Setup Wizard" aufscheint. Dann Klick auf >>Finish<<
- Auf dem Bildschirm befindet sich nun ein Eraser-Programmsymbol. Auf dieses doppelklicken, um die korrekte Installation zu überprüfen (sollte das Fenster nicht aufscheinen, empfiehlt sich ein Neustart des Computers). Dann das Programmfenster schließen.

Papierkorbinhalt löschen

Ab sofort genügt ein Rechtsklick auf den Papierkorb. Anstatt auf >>Papierkorb leeren<< klicken Sie dann auf >>Eraser/Erase<< und der Inhalt des Papierkorbs wird unwiederbringlich überschrieben. Sie brauchen dazu das Programm selbst nicht zu starten.

Freien Speicherplatz löschen

Um durchs Löschen frei gewordenen, ungenutzten Speicherplatz auf der Festplatte zu überschreiben, klicken Sie den Laufwerksnamen mit der rechten Maustaste an, wählen >>Eraser<< sowie >>Erase Unused Space<< (und nichts anderes!) und lassen das Programm seine Arbeit erledigen.

Für Profis

Dies nimmt viel Zeit in Anspruch und hat für Privatpersonen nur dann wirklich Sinn, wenn Sie die Festplatte weitergeben oder entsorgen. In erster Linie empfiehlt sich Eraser dazu, die im Papierkorb landenden Dateien umgehend nicht wiederherstellbar zu machen. Alle weiteren Einstellungsmöglichkeiten, zu denen Sie gelangen, wenn Sie Eraser selbst starten, sind dem professionellen Einsatz vorbehalten.

VPN-Dienste: Anonym im Web

Die Einrichtung eines Virtuellen Privaten Netzwerks (Virtual Private Network/VPN) kann die Sicherheit beim Surfen an öffentlichen Hotspots deutlich erhöhen und für sehr weitreichende Anonymität im Netz sorgen.

Umgehung von Geoblocking

Verwendet wird auch der Begriff des „privaten Tunnels". Der Hintergrund ist der, dass man sich via VPN nicht unter der eigenen, sondern unter einer fremden Identität im Internet bewegt und z.B. vorgibt, von den USA aus mit einer dort gültigen IP-Adresse zu surfen. Ein VPN ist daher auch ein (legales) Mittel zur Umgehung von landesspezifischen Inhaltssperren.

PrivateTunnel und CyberGhost

Der einfachste Weg zur VPN-Einrichtung ist die Nutzung eines Dienstes wie www.privatetunnel.com oder www.cyberghostvpn.com, um zwei Anbieter mit anwenderfreundlichen Produkten herauszugreifen. Beide bieten eine kostenlose Variante, allerdings nicht ohne Beschränkungen.

Kostenlose Varianten eingeschränkt

Bei PrivateTunnel beträgt das frei nutzbare Datenlimit lediglich 500 MB, bei CyberGhost wird die Verbindung nach einer bestimmten Zeit getrennt, es ist nicht das gesamte Angebot nutzbar und zu Spitzenzeiten werden zahlende Kunden bevorzugt. Außerdem muss man Werbeeinblendungen hinnehmen. Auch die Preisgestaltung ist unterschiedlich, nämlich Datenvolumen ohne zeitlichen Ablauf versus Jahresabonnement. Für fallweises sicheres Surfen in der Öffentlichkeit eignen sich beide Dienste in ihren kostenlosen Varianten, die es sowohl für Computerbetriebssysteme als auch für mobile Betriebssysteme gibt.

CyberGhost für Einsteiger

Flexibler im Internet unterwegs ist man jedenfalls bei regelmäßiger Nutzung mit CyberGhost. In der Windows-Version kann man hier sogar die Browsersprache nach außen hin auf jene des simulierten Landes setzen und die Übermittlung von Informationen über den Browser und das Betriebssystem unterdrücken. Weitere Vorteile von CyberGhost: Die Homepage ist deutschsprachig und die Bedienung ist leicht verständlich, sodass auch weniger versierte Computernutzer den Versuch wagen können.

Facebook: Eine Spur privater

Verzichten Sie auf die Facebook-Apps für Smartphone und Tablet. Die sind noch auskunftsfreudiger als die Browser-Version. Falls es nicht genügt, Facebook am Computer zu nutzen, können Sie auch am Smartphone und Tablet über den Browser darauf zugreifen.

Nachverfolgung reduzieren

Das ist umständlicher, aber Sie vermeiden die Nachverfolgung auf Schritt und Tritt. Aus demselben Grund sollten Sie nicht ständig auf Facebook angemeldet bleiben. Sie können sich ohnehin per E-Mail über Aktivitäten auf dem Konto verständigen lassen. Ignorieren Sie im Zuge der Anmeldung die Einladung, Ihre Kontakte hochzuladen, um Freunde einzuladen. Das gibt Facebook die Möglichkeit, Querverbindungen zwischen Personen herzustellen.

Privatsphäre-Verknüpfungen

Die Konto-Einstellungen sind jederzeit änderbar. Wichtig sind die Privatsphäre-Verknüpfungen, rechts oben hinter dem Vorhängeschloss. Sinnvoll ist ein ausgewogenes Verhältnis zwischen privat und öffentlich. >>Wer kann meine Inhalte sehen?<<: >>Freunde<<; >>Wer kann mich kontaktieren?<<: >>Freunde von Freunden<<. Klicken Sie auf das kleine, nach unten weisende Dreieck neben dem Vorhängeschloss und danach auf >>Einstellungen<<. Unter >>Sicherheit<< können Sie die „Anmeldungswarnungen" aktivieren (Klick auf >>Bearbeiten<<). Dann erfahren Sie, falls jemand versucht, sich mit Ihrem Konto anzumelden. Bei der >>Privatsphäre<< können Sie jetzt noch unter >>Wer kann nach mir suchen?<< Einschränkungen vornehmen. Ebenso unter >>Chronik und Markierungen<<. Bitte beachten Sie außerdem die >>Benachrichtigungs<<-Einstellungen, die Sie nach Ihren Wünschen konfigurieren können.

Werbeanzeigen

Bleiben noch die >>Werbeanzeigen<<. Verhindern können Sie deren Einblendung nicht, aber ratsam ist, dass Sie unter „Werbeanzeigen mit meinen sozialen Handlungen" die Option auf >>Niemand<< setzen. Andernfalls wird Ihr Name mit Werbeeinschaltungen verknüpft.

WLAN: Das eigene Passwort auslesen

WLAN-Netzwerke (= WiFi-Netzwerke bzw. unter Windows auch „Drahtlosnetzwerke"), sollten mit einem Passwort (auch: Netzwerkschlüssel) gegen unerwünschte Zugriffe durch Dritte abgesichert werden. Praktischerweise wird das Passwort auf dem jeweiligen Gerät sicher abgelegt, damit Sie es nicht nach jedem Einschalten erneut eingeben müssen. Der Nachteil ist, dass das Passwort mit der Zeit oft in Vergessenheit gerät.

Der Weg über den Router

Möchten Sie nun einen neuen Computer ins Netzwerk einbinden und haben keine schriftlichen Aufzeichnungen, dann müssen Sie – in der Regel über den Browser – auf Ihren WLAN-Router zugreifen und ein neues Passwort einrichten (was aber, abhängig vom Routermodell, für Laien nicht immer ganz einfach durchführbar ist).

Der Weg über die Systemsteuerung

Die zweite Möglichkeit ist, dass Sie das existierende Passwort auf dem alten Computer auslesen. Tun Sie dies über >>Start/Systemsteuerung/Netzwerk und Internet/Netzwerk und Freigabecenter<<. Dort wählen Sie dann – je nach Version des Betriebssystems – >>Status anzeigen/Drahtlosnetzwerkverbindung<< bzw. klicken auf den Namen Ihres WLAN-Netzwerks und danach in beiden Fällen auf >>Drahtloseigenschaften/Sicherheit/Zeichen anzeigen<<.

Programm: Wireless Key View

Eine andere Möglichkeit ist das kostenlose Programm „Wireless Key View" (Download auf www.nirsoft.net/utils/wireless_key.html). Die Downloadlinks befinden sich ein Stück weiter unten auf der Seite. Auf Ihrem Computer können Sie unter >>Start/Systemsteuerung/System und Sicherheit/System << beim Punkt „Systemtyp" ablesen, ob Sie die 32- oder die 64-Bit-Version installieren sollen.

Deutsches Sprachpaket

Bei Bedarf finden Sie ein Stück weiter unten auch noch das deutsche Sprachpaket zum Download; eine Zip-Datei, die Sie im Explorer extrahieren (► Seite 46) und in den gleichen Ordner wie das Programm selbst verschieben müssen.

Windows-Lizenzschlüssel auslesen

Wenn eine Neuinstallation des Betriebssystems ansteht, dann benötigt man den Lizenzschlüssel (Product Key; nicht zu verwechseln mit der Product-ID, die unter >>Start/Systemsteuerung/System und Sicherheit/System<< angezeigt wird). Aber was tun, wenn man die Verpackung mit dem Aufkleber so gut und sicher verstaut hat, dass man sie nicht mehr findet?

Verschlüsselt auf PC gespeichert

Tief in der so genannten Registry des Computers ist der Product Key zwar vermerkt, aber verschlüsselt. Um ihn lesen zu können, müssen Sie ein (kostenloses) Software-Tool, also ein elektronisches Werkzeug zu Hilfe nehmen. Eine bewährte Möglichkeit ist ProduKey (Download unter: www.nirsoft.net/utils/product_cd_key_viewer.html; ein Stück weit nach unten scrollen und den Link: >>Download ProduKey with full install/uninstall support<< wählen). Es handelt sich um eine herkömmliche .exe-Datei mit einem Installationsassistenten. Ein Doppelklick auf die heruntergeladene Datei genügt, um ihn zu starten.

Deutsches Sprachpaket

Bei Bedarf finden Sie ein Stück weiter unten auch noch das deutsche Sprachpaket zum Download; eine Zip-Datei, die Sie im Explorer extrahieren und in den gleichen Ordner wie das Programm selbst verschieben müssen (Standardordner ist C:\Programme (x86)\NirSoft\ProduKey). Wenn Sie nicht mehr tun möchten, als den Lizenzschlüssel auszulesen, ist die Umstellung aber gar nicht nötig. Nach dem Programmstart scheint der Schlüssel ohnehin sofort in einem Fenster auf und ist eindeutig zuordenbar.

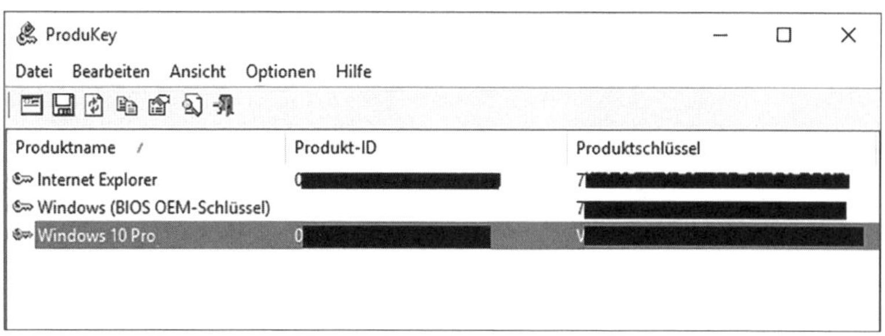

Windows-Jugendschutz

Das Bewahren der Kinder vor den Gefahren des Internets und vor übermäßiger Computernutzung ist ein stets aktuelles Thema. Schutzfilter in Form von Software, mit der man diverse Beschränkungen festlegen kann, unterstützen die Eltern in ihren Bemühungen.

Nicht ohne Gespräche

Wobei man eines ganz klar sagen muss: Was mehr zählt als jede technische Kontrolle, ist das gegenseitige Vertrauen und das offene, persönliche Gespräch. Jüngere Kinder sollten ohnehin nicht unbegleitet das Internet nutzen dürfen, ältere sollten mit Vernunft an die Sache herangehen. Natürlich ist das alles leichter gesagt als getan, doch das Gegenteil davon läuft auf reine Überwachung hinaus. Eine Situation, bei der sich alle Beteiligten letztlich unwohl fühlen und die dazu führen kann, dass sich Jugendliche erst recht zurückziehen oder sogar versuchen, die technischen Maßnahmen zu umgehen.

Integrierte Filterfunktion

Die Betriebssysteme Windows 7, 8.1 und 10 haben eine solche Filterfunktion integriert. Sie finden den Windows-Jugendschutz bei Windows 7 unter >>Start/Systemsteuerung/Benutzerkonten und Jugendschutz<<, bei Windows 8.1 ändert sich die Bezeichnung zu „Family Safety" – zu finden unter >>(Rechtsklick aufs Windows-Symbol)/Systemsteuerung/Benutzerkonten und Family Safety/Family Safety<<. Windows 10 integriert die Schutzfunktionen für Kinder direkt in die Benutzerverwaltung unter >>(Windows-Symbol)/Einstellungen/Konten/Familie und weitere Benutzer<< (weitere Benutzer entspricht im Wesentlichen dem Gastkonto früherer Betriebssysteme. Auch hierbei handelt es sich um ein Konto mit eingeschränkten Rechten, das Sie für eine Person einrichten können, die nicht zur Familie gehört).

Eigener Account ist Voraussetzung

Voraussetzung ist in jedem Fall die Einrichtung eines eigenen Benutzeraccounts für Ihr Kind, der nicht mit Administratorrechten zur Verwaltung des Computers (Installation von Programmen, Einstellungsänderungen etc.) ausgestattet ist. In der Folge können Sie den Jugendschutz für ein

Konto oder für mehrere einschalten und die Zulassung von Websites, den Zugriff auf die lokal gespeicherten Programme sowie die erlaubten Computernutzungszeiten bzw. die tägliche Nutzungsdauer beeinflussen.

Zugang zu Webseiten und Spielen

Unter „Webfilterung" bzw. „Webbrowsen" können Sie den Zugriff über eine Altersfreigabe beschränken und Webseiten blockieren. Weiters gibt es den Punkt „Apps und Spiele", wo Sie die Freigabe bestimmter Anwendungen und Computerspiele basierend auf dem in zahlreichen Ländern gültigen PEGI-Alterseinstufungssystem (Pan European Game Information) beeinflussen können. Da eine solche Einstufung auf rein freiwilliger Basis erfolgt, können Spiele ohne entsprechende Kennzeichnung zur Sicherheit grundsätzlich blockiert werden.

Aktivitätsberichte

Eine ausführliche Kontrolle der Aktivitäten ist über die „Aktivitätsberichte" möglich. Darin wird berichtet, welche Webseiten besucht, welche Apps und Spiele heruntergeladen und gespielt wurden und wie viel Zeit Ihr Kind am Gerät verbracht hat. Praktischerweise kann man sich diese Zusammenfassungen automatisch wöchentlich per E-Mail zusenden lassen.

https: Verschlüsselte Verbindungen zu Webseiten

In der Adressleiste des Webbrowsers erkennt man mitunter ein graues oder grünes Vorhängeschloss-Symbol. Dies deutet darauf hin, dass der Seitenaufruf über eine verschlüsselte Verbindung stattfindet. Besonders bei persönlichen Seiten, wie etwa beim Online-Banking, beim Bezahlen mit Kreditkarte oder beim Einstieg ins Webmail-Benutzerkonto, bei denen sensible Daten vom Browser zur Webseite übermittelt werden, sollte immer eine solche Verschlüsselung gewährleistet sein.

Unterschied http/https

Statt dem geläufigen „http" am Anfang einer Adresse steht in diesem Fall ein „https", wobei das angehängte „s" für „sicher" (englisch: secure) steht. Technisch wird diese Verschlüsselung über sogenannte SSL-Zertifikate realisiert, d.h. der Server, auf dem sich die Seite befindet, muss sich über ein solches Zertifikat ausweisen können. Zum Glück unterstützen immer mehr Server eine sichere Verbindung und auch die Browser beinhalten bereits eine Reihe an vorinstallierten Zertifikaten.

Adresse im Zweifelsfall überprüfen

Wer auf einen dubiosen Link klickt – sei es im Browserfenster oder in einer E-Mail – dem wird oft mit allerlei Tricks vorgetäuscht, sich auf einer vertrauenswürdigen Seite zu befinden. Um die Originalität zu überprüfen, ist der Inhalt der Seite weniger signifikant als deren Adresse, denn eine Seite inhaltlich zu fälschen ist keine große Kunst. Wenn Sie aber beispielsweise auf http://online-banking.meine-bank.login.12345.cn landen, statt auf https://meine-bank.at, sollten Sie sich mit Sicherheit nicht auf der richtigen Seite wähnen. Es lohnt sich also immer ein kritischer Blick in die Adressleiste des Browserfensters. Sie brauchen aber nicht einmal zu klicken: Stellen Sie in einer verdächtigen E-Mail den Mauszeiger auf den dort angeführten Link. Daneben erscheint ein kleines Fenster, dem Sie in der Regel entnehmen können, zu welcher Adresse der Link führt.

Domain-Highlighting

Ein sinnvolles zusätzliches Detail in den Browsern ist das „Domain-Highlighting", d.h. nur der „Kern" der Adresse der aufgerufenen Seite erscheint in der Adresszeile schwarz (und in manchen Browsern zusätzlich auch das https), der Rest in blassem Grau (also z.B. https://www.**facebook.com**/konsument.at/?fref=ts). Hier handelt es sich um eine bei Facebook eingerichtete Unterseite, die auf konsument.at lautet. Sprich: Die Darstellung signalisiert, dass Sie tatsächlich auf Facebook sind. Bei dem im oberen Absatz angeführten Beispiel mit der Bank wäre meine-bank.at die fett dargestellte Hauptadresse, auf der gefälschten Seite wäre hingegen 12345 gefettet und der Rest ausgegraut. Auch daran könnten Sie erkennen, dass Sie sich nicht auf der Seite von meine-bank befinden.

Informationen zum Zertifikat

Klicken Sie auf das Vorhängeschloss und dann auf die verschiedenen Ebenen des sich öffnenden Fensters, dann erfahren Sie wichtige Dinge zum betreffenden Zertifikat, u.a. für wen es ausgestellt wurde (hier bitte unbedingt auf Übereinstimmung mit der fett dargestellten Anzeige in der Adresszeile achten!), welche Stelle es vergeben hat und wie lange es gültig ist. Finger weg von bereits abgelaufenen Zertifikaten!

Verschlüsselungsgrad

Interessant ist schließlich auch der Grad der Verschlüsselung. 128 Bit sollten es mindestens sein, bei vielen Banken stößt man bereits auf die noch sicherere 256-Bit-Verschlüsselung. Im Internet Explorer (Klick auf: >>Details<<; Feld: Öffentlicher Schlüssel) wird dies in anderer Form angegeben: 1024 Bits stehen für die 128-Bit-Verschlüsselung, 2048 Bits für die 256-Bit-Verschlüsselung.

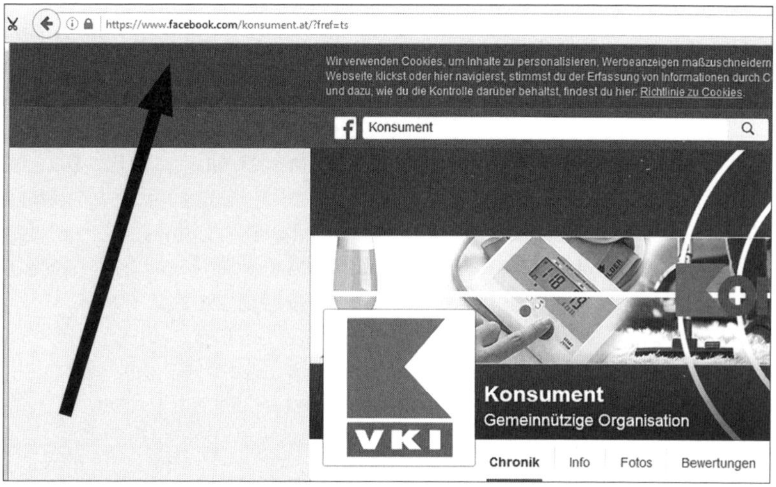

Gespeicherte Passwörter aus dem Browser auslesen

Kennwörter sollte man an einem sicheren Ort notieren. Am besten analog auf einem Blatt Papier oder wenn schon digital, dann verschlüsselt, z.B. in einem Passwortmanager. Dennoch kommt es vor, dass ein Kennwort ausschließlich im Browser abgespeichert wurde. Wie kommt man nun an dieses heran?

Microsoft Edge

In Microsoft Edge lassen sich die Passwörter zwar verwalten, aber nicht auslesen. Dazu muss man den Weg über die Systemsteuerung gehen. Wählen Sie dort >>Benutzerkonten/Anmeldeinformationsverwaltung<< aus. Unter >>Webanmeldeinformationen<< klappen Sie über den Pfeil rechts die gewünschte Webseiten-Informationen auf und klicken Sie dann neben „Kennwort" auf >>Einblenden<<. Geben Sie anschließend Ihr Windows-Passwort ein, wird das Login-Passwort der Webseite im Klartext dargestellt. Dieser Weg funktioniert ebenfalls für den Internet Explorer 11 unter Windows 8.1.

Mozilla Firefox

Im Firefox geht dies über >>Einstellungen/Sicherheit/Gespeicherte Zugangsdaten<<. Klicken Sie dort auf >>Passwörter anzeigen<<, erhalten Sie zu jedem gespeicherten Login die Kennwörter angezeigt. Sie müssen lediglich einen Sicherheitshinweis bestätigen. Es empfiehlt sich, die Option des Master-Passworts zu nutzen.

Google Chrome

Klicken Sie oben rechts im Browser auf das Menü-Symbol mit den drei untereinander angeordneten Querstrichen. Wählen Sie den Punkt >>Einstellungen<<. Scrollen Sie im neuen Tab ganz nach unten und klicken Sie auf den blauen Link >>Erweiterte Einstellungen anzeigen<<. Scrollen Sie noch etwas nach unten zur Kategorie „Passwörter und Formulare". Klicken Sie hier auf >>Passwörter verwalten<<. Es öffnet sich ein Fenster mit einer Liste. Um ein Passwort anzuzeigen, klicken Sie auf das verschlüsselte Kennwort und wählen Sie die Option >>Anzeigen<< aus. Nun müssen Sie noch Ihr Windows-Passwort eingeben.

Google und die Privatsphäre

Auch wenn Google nun ein Tochterunternehmen des Alphabet-Konzerns darstellt, hat sich nichts daran geändert, dass der Internet-Gigant nicht gerade müßig ist, wenn es ums Datensammeln geht.

Immenser Informationsfluss

Dabei behilflich sind ihm seine unterschiedlichen Dienste, wie die gleichnamige Suchmaschine, der Chrome-Browser, der E-Mail-Dienst Gmail, die Social-Media-Plattform Google+, die Videoplattform YouTube und nicht zuletzt Android, die ihm über Geräte und Betriebssysteme hinweg eine Fülle an Informationen zuliefern. Diese tragen dazu bei, dass sehr konkrete Persönlichkeitsprofile entstehen, die für die Werbewirtschaft interessant sind.

Beschränkter Einfluss

Immerhin gibt Google Ihnen als Nutzer beschränkte Möglichkeiten zur Einflussnahme. In Ihrem persönlichen Konto fließen alle Informationen zusammen, sofern Sie bei der Nutzung der diversen Google-Dienste angemeldet sind – und zumindest auf den mobilen Geräten sind Sie das in der Regel.

Privatsphärecheck

Wenn Sie am Computer, Smartphone oder Tablet den Browser starten und die Adresse accounts.google.com aufrufen oder (bei den mobilen Geräten) über die Einstellungen auf die Google-Dienste zugreifen, gelangen Sie zur Anmeldeseite, auf der Sie Ihren Benutzernamen und Ihr Kennwort eingeben. Sie landen auf der Startseite Ihres persönlichen Kontos, auf der uns speziell die Optionen unter >>Persönliche Daten & Privatsphäre<< interessieren. Sie können hier wahlweise das als „Privatsphärecheck" bezeichnete Werkzeug nutzen, das Sie durch die Einstellungsmöglichkeiten leitet, oder Sie gehen selbstständig Punkt für Punkt vor.

Für Dritte sichtbar

Beachten Sie unter >>Meine persönlichen Daten<< auf jeden Fall die folgenden Unterpunkte: >>Über mich<<, >>Google+ Einstellungen<<, >>Soziale Empfehlungen<< und >>Standortfreigabe<<. Hier legen Sie fest, welche Informationen für Dritte sichtbar sind. Für Google selbst interessanter sind die Daten, die unter den >>Aktivitätseinstellungen<< gesammelt werden. Unter dem Deckmantel von höherem Komfort und Nutzerfreundlichkeit (was ja an sich nicht gelogen ist), geben Sie unter anderem Ihre Suchanfragen, Ihren jeweiligen Standort, Ihre Kontakte und Kalender, Ihre Sprachbefehle und die von Ihnen auf YouTube angesehenen Videos preis.

Werbeeinstellungen

Unter den >>Einstellungen für Werbung<< können Sie – wie üblich – Werbeeinblendungen im Browser oder in Apps nicht abstellen, aber Sie können entscheiden, ob Sie lieber auf Ihre Interessen abgestimmte Werbung sehen möchten oder allgemein gehaltene. Im Falle der interessenbasierten Werbung werden werblich relevante Informationen auch an Drittanbieter weitergegeben, indem Sie einer bestimmten Zielgruppe zugeordnet werden (z.B. Alter, Geschlecht, Wohnort, Interessen auf Basis Ihrer Suchanfragen). Ihre Identität oder Ihre exakte Wohnadresse werden aber nicht offengelegt.

Google-Dashboard

Ein interessanter Punkt ist weiters die >>Kontoübersicht<<, das so genannte Google-Dashboard. Dort finden Sie eventuell noch zusätzliche Informationen, die Google über Sie gespeichert hat bzw. können Sie weitere Einstellungen vornehmen.

Unerwünschtes löschen

Zuletzt noch ein Tipp: Von der Startseite Ihres persönlichen Kontos aus erreichen Sie auch die >>Kontoeinstellungen<< mit dem Unterpunkt >>Konto oder Dienste löschen<<. Wenn Sie beispielsweise Google+ überhaupt nicht nutzen, können Sie dieses unter >>Produkte löschen<< entfernen. Gleiches ist auch mit Gmail möglich, falls Sie ohnehin einen anderen E-Mail-Dienst verwenden. Ihr Nutzername für das Google-Konto bleibt erhalten, Sie haben nur keinen Zugriff mehr auf die Gmail-Postfächer. Achten Sie aber darauf, dass Sie bei den persönlichen Daten eine E-Mail-Adresse angeben, unter der Sie erreichbar sind.

Dateinamenserweiterung: Dateien und Programme identifizieren

Die meisten Programme verwenden ihr eigenes Dateiformat. Die dazugehörigen Dateien erkennt man meist an der Dateiendung, die gewöhnlich mit einem Punkt vom Rest des Namens abgetrennt wird. So werden Word-Dokumente mit der Dateiendung .docx (ältere Version: .doc), Excel-Dateien mit .xlsx (ältere Version: .xls), PDF-Dateien mit .pdf usw. gespeichert.

Welches Programm öffnet welche Datei?

Diese können oft nur mit dem entsprechenden Programm oder einigen anderen Anwendungen geöffnet bzw. bearbeitet werden. Im Internet gibt es Katalogseiten, die diese Zuordnungen verzeichnen, etwa unter www.endungen.de und auch bei Wikipedia findet man eine Liste von Dateinamenserweiterungen.

Dateiendungen einblenden

Standardmäßig sind Dateiendungen in Windows ausgeblendet. Diese Information kann aber durchaus von Belang sein, um eine Datei, die Sie beispielsweise per E-Mail erhalten haben, auf den ersten Blick zu identifizieren. Ein schädliches Programm etwa kann sich dadurch tarnen, dass es eine Endung im Namen vortäuscht. Statt Foto.jpg.exe wird lediglich Foto.jpg angezeigt. Über die Systemsteuerung oder über den Explorer gelangen Sie zu den Ordneroptionen. Dort können Sie im Register >>Ansicht<< das Häkchen vor „Erweiterungen bei bekannten Dateitypen ausblenden" deaktivieren (>>Orderoptionen/Ansicht/Erweiterte Einstellungen<<).

Unbekannte Programmdateien identifizieren

Ausführbare Programmdateien haben unter Windows die Endung .exe (execute = ausführen) oder auch .dll. Diese Dateien können – wenn sie gefälscht sind – besonders kritisch sein, denn ein Doppelklick darauf führt das Programm aus, welches im äußersten Fall schweren Schaden anrichten kann. Auf der Webseite www.file.info finden Sie eine Liste mit populären Dateinamen und einer Beschreibung, die zumindest eine Hilfestellung geben kann, worum es sich dabei handeln könnte.

Sandboxie: Virtuelle Sandkiste

Application Sandboxing ist eine Technologie, die auf Computern und Smartphones zur Anwendung kommt, um Apps in einem abgeschotteten Umfeld laufen zu lassen.

Ohne Auswirkungen aufs System

Was innerhalb der virtuellen Sandbox (= Sandkiste) passiert, hat keine Auswirkungen auf das Gesamtsystem oder auf andere Apps. So bleibt etwa auch Schadsoftware isoliert und kann kein Unheil anrichten. Auf Mac-Computern, iPhones und Android-Smartphones kommt Sandboxing automatisch für ausgewählte Apps zum Einsatz. Für Windows-PCs bietet sich ein Programm an, das zwar manuell zu bedienen ist, aber sogar mehr zu bieten hat. Sandboxie (www.sandboxie.com). Es ist mit gewissen Einschränkungen gratis nutzbar bzw. kostet seine Vollversion maximal 40 Euro.

Ergänzung zu Virenschutz und Firewall

Die Verwendung von Sandboxie ist kein Ersatz für Virenschutz und Firewall, sondern eine Ergänzung dazu. Sie können z.B. Drittanbietersoftware unbekannter Herkunft innerhalb der Sandbox installieren und testen. Sie können verdächtige E-Mail-Anhänge öffnen, indem Sie den Mail-Client in der Sandbox starten. Und Sie können Internetlinks anklicken, die Ihnen nicht geheuer sind, wenn Sie den Browser zuvor in der Sandbox aufgerufen haben. Sollte etwas Unerwartetes passieren, spielt sich auch das innerhalb der Sandbox ab, die Sie danach löschen können, ohne auf dem Computer Spuren zu hinterlassen.

Virus löschen

Gelöscht werden nur die Sandbox selbst und ein allfälliger Virus, der sich einzunisten versucht hat, nicht aber die virenverseuchte E-Mail, in der er immer noch versteckt ist. Die müssen Sie dann noch außerhalb der Sandbox händisch entfernen.

Vorsichtig sein

Trotz Sandboxie sollten Sie natürlich vermeiden, wahllos Spam- und Phishing-Mails zu öffnen oder Links anzuklicken. Sanboxie reduziert zwar das Risiko, hundertprozentigen Schutz kann es aber nicht garantieren.

Ausblenden von Listen zuletzt verwendeter Dateien

Standardmäßig speichert Windows einen Verlauf der Programme, Dateien, Ordner und Websites, die Sie öffnen und zeigt diese zuletzt verwendeten Inhalte in den so genannten Sprunglisten des Startmenüs und der Taskleiste an (► Seite 70). Wenn mehrere Personen auf Ihr Benutzerkonto Zugriff haben, möchten Sie aber eventuell vermeiden, dass diese die Informationen sehen.

Windows 7

Klicken Sie mit der rechten Maustaste auf die Taskleiste am unteren Bildschirmrand und dort auf >>Eigenschaften<<. Es öffnet sich ein Einstellungsfenster mit der Bezeichnung „Eigenschaften von Taskleiste und Startmenü". Dort können Sie im Register >>Startmenü<< die Haken bei den Datenschutz-Optionen entfernen, um die zuletzt geöffneten Programme und Elemente aus dem Startmenü und der Taskleiste auszublenden. Klicken Sie dann auf >>OK<< um das Fenster zu schließen und die Änderungen zu übernehmen.

Windows 8.1

Auch unter Windows 8.1 kommen Sie per Rechtsklick auf die Taskleiste und dort auf >>Eigenschaften<< zu einem Einstellungsfenster – hier „Taskleisten- und Navigationseigenschaften" genannt. Unter dem Register >>Sprunglisten<< finden sich die Optionen zur Abschaltung.

Windows 10

Unter Windows 10 werden die zuletzt verwendeten Dateien und Ordner sogar beim Öffnen des Explorers direkt angezeigt. Aber auch hier lässt sich dieser „Schnellzugriff" abstellen. Über >>Ansicht/Optionen/Ordner- und Suchoptionen ändern<< öffnen Sie die Ordneroptionen. Hier können Sie direkt im Reiter >>Allgemein<< unter der Kategorie „Datenschutz" das Anzeigen von Dateien und Ordnern im Schnellzugriff unterbinden und den Verlauf löschen. Alternativ lässt sich dies auch über >>(Windows-Symbol)/Einstellungen/Personalisierung/Start<< ausschalten, indem Sie ganz unten „Zuletzt geöffnete Elemente in Sprunglisten im Menü Start und auf der Taskleiste anzeigen" deaktivieren.

E-Mail und Webbrowser

Auf E-Mails und vor allem aufs Internet möchte niemand mehr verzichten – für den versierteren Umgang damit gibt es ebenfalls ein paar Tipps.

Spam-Filter in E-Mail-Programmen

Die Mailserver der Internetprovider sind mit Spam-Filtern ausgerüstet, d.h. E-Mails werden anhand vordefinierter Kriterien automatisch gescannt und landen im Verdachtsfall im sogenannten Junk- oder Spam-Ordner. Oft befindet sich dieser ausschließlich online, sodass man nur bei Einstieg ins Webmail (über den Browser) Einsicht nehmen kann – was man auch tun sollte, weil es vorkommt, dass E-Mails fälschlicherweise dort landen.

E-Mail-Clients sind lernfähig

Die gängigen E-Mail-Programme haben gleichfalls eine Filterfunktion, die lernfähig, wenn auch niemals zu 100 Prozent zuverlässig ist. Wenn Sie eine E-Mail als Spam markieren, dann ist das Programm zunehmend in der Lage, gleichartige Mails zu erkennen. Umgekehrt lässt es irrtümlich als Spam klassifizierte Mails in Zukunft unberücksichtigt, wenn Sie ihm zuvor mitgeteilt haben, dass der Absender vertrauenswürdig ist.

Spam-Verwaltung

- Mail-App unter Windows 10: Rechtsklick auf die entsprechende E-Mail, Klick auf >>In Junk-E-Mail verschieben<<. Die Mails landen dann im Ordner „Werbung". Online auf www.outlook.com finden Sie unter >>(Zahnradsymbol)/Optionen<< zusätzliche Einstellmöglichkeiten;
- Outlook: Rechtsklick auf die entsprechende E-Mail, Klick auf >>Junk-E-Mail<< und >>Absender sperren<<. Bei Rechtsklick auf eine beliebige E-Mail gelangen Sie unter „Junk-E-Mail" zu den >>Junk-E-Mail-Optionen<<;
- Windows Live Mail: gleiche Vorgangsweise, nur Klick auf >>Domäne des Absenders der Liste blockierter Absender hinzufügen<<. Einstellungen unter >>Datei/Optionen/Sicherheitsoptionen<<;
- Thunderbird: Hier werden die erkannten Spam-Mails in der Spalte „Junk-Status" mit einer orangenen Flamme markiert. Allgemeine Einstellungen findet man unter >>Einstellungen/Sicherheit/Junk<< und zusätzlich kontenabhängige Einstellungen unter >>Einstellungen/Konten-Einstellungen/Kontenbezeichnung/Junk-Filter<<.

E-Mails im HTML-Format

Reine Text-E-Mails sind einfach und schmucklos gehalten und für die meisten Einsätze völlig ausreichend. HTML-Mails hingegen werden oft zu Werbezwecken verwendet, um die Darstellung optisch aufzuwerten. Der Text wird – ähnlich wie in Microsoft Word – formatiert, die Bilder werden über Links eingebettet und müssen beim Öffnen der Mail nachgeladen werden. Wenn die Bilder auf den Servern des Absenders liegen, kann dieser dadurch nachvollziehen, ob die Mail geöffnet wurde. Außerdem stellen solche Mails ein potenzielles Virenrisiko dar und erhöhen den Datenverbrauch.

Nicht automatisch laden

Zum besseren Schutz vor Spam haben die meisten Mail-Programme das automatische Laden der Bilder oder anderer verknüpfter Inhalte aus dem Internet standardmäßig blockiert (manuelles Nachladen ist natürlich jederzeit möglich). Überzeugen Sie sich sicherheitshalber davon, dass die Voreinstellungen nicht verändert wurden.

Auf der sicheren Seite

- Outlook: >>Datei/Optionen/Trust Center (früher: Sicherheitscenter)/Einstellungen für das Trust Center/Automatischer Download<<. „Bilder in HTML-Mails oder RSS-Elementen nicht automatisch herunterladen" aktivieren. Ebenfalls im Trust Center unter >>E-Mail-Sicherheit<< die Option „Standard-Nachrichten im Nur-Text-Format lesen" anhaken. Unter >>Datei/Optionen/E-Mail<< ganz unten bei „Nach dem Verschieben oder Löschen eines geöffneten Elements" die Option „Zurück zum aktuellen Ordner" einstellen.
- Windows Live Mail: >>Datei/Optionen/Sicherheitsoptionen/Sicherheit<<. „Bilder und andere externe Inhalte in HTML-E-Mails blockieren". Außerdem unter >>Optionen/E-Mail<< vor „Nachrichten im Vorschaufenster automatisch herunterladen" sowie vor „Alle Nachrichten als Nur-Text lesen" Haken setzen.
- Mail-App (Windows 10): >>(Zahnradsymbol)/Lesen<<. „Nächstes Element automatisch öffnen": Aus; „Externe Bilder und Formate automatisch herunterladen": Aus.

Posteo: Alternativer E-Mail-Anbieter

Die eigene E-Mail Adresse ist in der digitalen Welt gleichzusetzen mit der heimischen Postanschrift. Ohne E-Mail würde man nicht nur den schriftlichen Kontakt zu entfernten Freunden und Bekannten vermissen, sondern auch viele andere Benutzerkonten, wie sie häufig bei Online-Bestellungen erforderlich sind, gar nicht erst anlegen können. Kurzum: Eine E-Mail Adresse braucht man heutzutage einfach.

Nachteile bei Freemail-Diensten

Anbieter eines kostenlosen E-Mail-Postfachs (Mailbox) orientieren ihr Geschäftsmodell meist an der Einbringung von Werbung – sowohl auf der Webseite, auf der man seine Post abholen kann (Webmail), mitunter aber auch in den Nachrichten selbst, wie etwa der im deutschsprachigen Raum populäre Dienst GMX. Und sowohl Google mit Gmail, als auch Microsoft mit Outlook.com behalten sich durch ihre AGBs vor, die E-Mails ihrer Kunden automatisiert zu scannen und gleichfalls für Werbezwecke auszuwerten. Im Hinblick auf den Datenschutz ist dies keinesfalls zufriedenstellend.

Datenschutz und Werbefreiheit für einen Euro pro Monat

Eine alternative europäische Möglichkeit ist der E-Mail-Anbieter Posteo mit Sitz in Berlin. Er bietet seinen Kunden für einen Euro pro Monat ein Postfach ohne Werbung, dafür mit Verschlüsselung und einem guten Gewissen durch nachhaltige Firmenphilosophie. Die gebotenen Leistungen stehen den bekannten Freemail-Diensten in nichts nach – lediglich die 2 GB Speicherplatz fallen bescheiden aus. Wer seine größeren E-Mail-Anhänge (insbesondere Fotos, Videos und Musikdateien) konsequent lokal abspeichert und aus dem Postfach löscht, wird aber auch damit gut auskommen können.

Weitere Informationen

Unter www.posteo.de findet man detaillierte Informationen zum Leistungsumfang. Kalender und Adressbuch gehören dazu und eine @posteo.at-Adresse oder eine andere Alias-Adresse lässt sich ebenfalls einrichten.

Thunderbird: Alternatives E-Mail-Programm

Thunderbird (www.mozilla.org/de/thunderbird) ist ein beliebter alternativer E-Mail-Client mit integriertem Kalender. Ähnlich wie der Firefox bietet er praktische Funktionen (wie z.B. das Öffnen mehrerer E-Mails in verschiedenen Tabs) und ist mittels kostenloser Add-ons erweiterbar.

Einfache Verschlüsselung

Dazu gehört z.B. Enigmail, das eine auch für Laien relativ einfach durchführbare Umsetzung der E-Mail-Verschlüsselung mit OpenPGP (im Zusammenspiel mit GnuPG: www.gnupg.org/index.html) ermöglicht. Ein Vorteil dieser Open-Source-Lösung gegenüber der Alternative S/MIME ist, dass man den Schlüssel selbst erzeugt und ihn nicht extern beziehen muss.

Die Grundeinstellungen

Auch abseits davon ist die Sicherheit bei der E-Mail-Kommunikation wichtig. Wir widmen uns den grundlegenden Einstellungen, aufrufbar mittels Klick auf die drei waagrechten Balken rechts oben und danach auf >>Einstellungen<<. Wichtig ist, dass unter >>Datenschutz<< der Haken vor „Externe Inhalte in Nachrichten erlauben" entfernt ist. Dann werden in E-Mails eingebundene Fotos und Grafiken nicht automatisch geladen. Möchten Sie selbst ausschließlich reine Text-E-Mails verschicken, dann müssen Sie unter >>Einstellungen<< zu den >>Konten-Einstellungen<< und >>Verfassen und Adressieren<< gehen.

Cookie-Verwaltung

Zurück zu den allgemeinen Einstellungen unter >>Datenschutz<<: Was die Webinhalte betrifft, sollten Sie Cookies von Webseiten zwar akzeptieren, nicht aber jene von Drittanbietern. Außerdem sollte Thunderbird die Cookies beim Schließen löschen. Unter >>Sicherheit/Junk<< ist es sinnvoll, die Option „Wenn Nachrichten manuell als Junk markiert werden/Verschiebe diese in den für Junk bestimmten Ordner des Kontos" zu aktivieren (dieser ist mit „Spam" bezeichnet, was aber dasselbe meint). Damit erhöhen Sie die Übersichtlichkeit und können die Aktion immer noch rückgängig machen, falls Sie sich geirrt haben sollten.

Noch genauere Festlegungen können Sie später unter >>Einstellungen/Konten-Einstellungen/Junk-Filter<< treffen. Ein Tipp: Als Junk markieren können Sie Nachrichten mittels >>(Rechtsklick)/Markieren/Junk<<. Einfacher ist es, wenn Sie unter >>Einstellungen/Symbolleisten anpassen<< das Spam-Symbol in die Leiste hinaufziehen. Dieses fungiert dann als Schaltfläche >>Junk/Kein Junk<<.

Sicherheit hat Vorrang

Aktiviert sein sollte weiters die Option unter >>Betrugsversuche<< und auch jene unter >>Anti-Virus<< ist sinnvoll. Aus praktischen Gründen ist es üblich, dass E-Mail-Passwörter auf dem Computer gespeichert werden. Unter >>Passwörter<< können Sie diese verwalten und sich bei Bedarf auch anzeigen lassen. Haben Dritte Zugang zu Ihrem Gerät, können Sie ein Master-Passwort setzen, um ihre gespeicherten Passwörter zu schützen.

Datenübermittlung deaktivieren

Unter >>Erweitert/Datenübermittlung<< deaktivieren Sie die Übermittlung von Daten an Mozilla – oder aktivieren sie, um das Projekt mit anonymisierten Informationen zu unterstützen. Sinnvoll sind auf jeden Fall die automatischen Programm-Updates. Verändern Sie diese Einstellungen nur dann, wenn Sie z.B. verhindern möchten, dass ein Update unbemerkt unterwegs bei Nutzung eines Datenmodems erfolgt und möglicherweise das vorhandene Transfervolumen aufbraucht.

Vorschaufenster schließen

Bleibt noch das Thema Vorschaufenster, das ja in der Standardansicht aus Virenschutzgründen besser geschlossen bleiben sollte. Fahren Sie mit dem Mauszeiger an den oberen Rand des Fensters, bis er sich in einen Doppelpfeil verwandelt, drücken Sie dann die linke Taste und bewegen Sie mit der Maus das Fenster nach oben oder unten.

Browser: Standard-Suchmaschine festlegen

Die aktuellen Browser haben ein eigenes Suchfeld bzw. ein kombiniertes Adresseingabe- und Suchfeld. Jeder Browser verfügt über eine erweiterbare Liste von Suchmaschinen.

Internet Explorer

Klick auf das kleine Dreieck neben der Lupe im Adresseingabefeld. >>Hinzufügen<< leitet Sie zur Internet Explorer Galerie, wo Sie alternative Suchmaschinen auswählen können. In der Liste im Sucheingabefeld legen Sie dann mittels Mausklick den gewünschten Standard-Suchanbieter fest.

Mozilla Firefox

Das kleine Dreieck neben der Lupe und die Option >>Suchmaschinen verwalten<< führt zu einer Auswahlliste. Erweitern lässt sich diese über >>Weitere Suchmaschinen hinzufügen<< und die Firefox Add-ons.

Microsoft Edge

Bei Edge unter Windows 10 geben Sie die Adresse der gewünschten Suchmaschine ein, klicken auf die drei Punkte rechts oben und weiter auf >>Einstellungen/Erweiterte Einstellungen anzeigen/Ändern (unter „In der Adressleiste suchen mit")<<, wählen das Gewünschte aus und bestätigen mit >>Als Standard<<.

Google Chrome

In Chrome gehen Sie auf die Startseite der Suchmaschine und führen eine beliebige Suchanfrage durch (z.B. konsument). Kopieren Sie die Webadresse der nun angezeigten Trefferliste. Dann klicken Sie rechts oben auf das Symbol für die Einstellungsoptionen (drei waagrechte Balken), danach auf >>Einstellungen<< sowie auf >>Suchmaschinen verwalten<<. In die Felder unter „Andere Suchmaschinen" tragen Sie den Namen ein (z.B. DuckDuckGo), die Kurzform (duckduckgo.com) und fügen die kopierte Adresse ein (z.B. https://duckduckgo.com/?q=konsument). Nun ersetzen Sie das Wort nach q= durch %s, klicken in einen leeren Bereich innerhalb des Fensters und können die neue Suchmaschine markieren und als Standard festlegen. Eine Ausnahme von diesem Muster bildet Startpage. Hier muss der Eintrag https://startpage.com/do/search?query=%s lauten.

Tastenkombinationen im Webbrowser

Shortcuts, also Tastenkombinationen, die das Arbeiten am Computer beschleunigen und erleichtern können, haben wir bereits in einem anderen Tipp besprochen (► Seite 20).

Surfen

Daneben können Shortcuts auch beim Surfen im Internet praktisch sein. Die folgenden Tastenkombinationen funktionieren auf Windows-Computern mit allen gängigen Browsern wie Microsoft Edge, Mozilla Firefox und Google Chrome.

Tabs öffnen und schließen

So öffnen Sie z.B. durch Drücken von Strg+T ein neues Tab, also ein weiteres Fenster innerhalb des geöffneten Browsers. Mit Str+W hingegen schließen Sie dieses (bzw. das jeweils aktuelle) Tab wieder. Haben Sie es sich doch anders überlegt, können Sie mittels Umschalttaste+Strg+T das soeben geschlossene Tab inklusive der dort zuletzt angezeigten Webseite neuerlich öffnen. Mit Strg+L gelangt man übrigens direkt in das Adressfeld.

Suchen, im Verlauf blättern

Möchten Sie innerhalb einer Internetseite nach einem Begriff suchen, dann drücken Sie Strg+F. Damit öffnen Sie die Suchleiste des Browsers. Für das Vor- und Zurückblättern im Verlauf (bzw. der Chronik) der von Ihnen aufgerufenen Seiten können Sie Alt+Pfeiltaste links/rechts verwenden. So ersparen Sie sich das Klicken auf die Pfeile links oben in der Menüleiste des Browsers.

Schneller in umfangreichen Seiten navigieren

Die Pfeiltasten oben/unten wiederum können Sie zum langsameren Blättern innerhalb einer umfangreichen Internetseite verwenden. Soll es hingegen in größeren Schritten gehen, dann drücken Sie – sofern sie auf Ihrer Tastatur vorhanden ist – die Taste mit der Aufschrift Bild (und Pfeil nach unten) bzw. die Leertaste, um nach unten zu blättern. Umgekehrt drücken Sie Bild (und Pfeil nach oben) bzw. Umschalt+Leertaste, um nach oben zu blättern. Mit den Tasten Ende bzw. Pos 1 springen Sie hingegen direkt ans Ende bzw. den Anfang der aufgerufenen Seite.

Browser synchronisieren: Firefox

Wenn Sie mit einem mobilen Gerät unterwegs im Internet surfen und auf eine interessante Webseite stoßen, die Sie mittels Lesezeichen markieren, dann wäre es natürlich praktisch, dieses ohne große Umstände auch im Browser auf dem PC daheim verfügbar zu haben. Unter anderem für diesen Zweck ist in den Mozilla Firefox der Dienst Firefox-Sync integriert.

Tabs, Add-ons, Einstellungen, Passwörter

Auf jedem Computer, auf dem Firefox-Sync aktiviert ist, werden Lesezeichen, Chronik, offene Tabs, Einstellungen, Add-ons und Passwörter der einzelnen Firefox-Browser synchron gehalten (wobei wir allerdings dazu raten, Passwörter aus Sicherheitsgründen überhaupt nicht im Browser zu speichern).

Konto einrichten

Klicken Sie im Browserfenster rechts oben auf die drei horizontalen Balken, im nächsten Fenster dann auf >>Einstellungen<< und in der linken Leiste auf >>Sync<<. Dort richten Sie mittels E-Mail-Adresse und Passwort ein individuelles Benutzerkonto ein. Sind Sie angemeldet, können Sie festlegen, welche von den oben genannten Optionen Sie gerne synchronisiert haben möchten (die Auswahl gilt dann für alle angebundenen Computer).

Identisch

Haben Sie überall Haken gesetzt, dann ist das Ergebnis eine nahezu identische Kopie Ihres Browsers, wobei Sie allerdings die Einstellungen der Add-ons (Erweiterungen) kontrollieren müssen (synchronisiert wird nur deren Installation). Ebenso müssen Sie die Symbolleiste einzeln anpassen.

Gleiche Browserversion

Die Voraussetzung dafür, dass Sync richtig funktioniert, ist die Verwendung der gleichen Browserversion auf allen Computern (Windows-PC und Mac). Die Synchronisation mit den mobilen Versionen (Android und iOS) ist Beschränkungen unterworfen, weil dort beispielsweise keine Erweiterungen (Add-ons) laufen. Abgeglichen werden Lesezeichen, Chronik sowie geöffnete Tabs (also zusätzliche Fenster innerhalb eines Browserfensters).

Browser synchronisieren: Chrome

Innerhalb weniger Jahre hat sich Google Chrome zu einem wichtigen Konkurrenten unter den alternativen Browsern entwickelt. So wie der Firefox (► Seite 124) hat er eine Synchronisierungsmöglichkeit mit an Bord. Sie ermöglicht es, Lesezeichen, Verlauf und Einstellungen auf mehreren (auch mobilen) Geräten abzugleichen, sodass man jederzeit seinen vertrauten Browser vorfindet.

Mehrere Benutzer

Das funktioniert nicht nur mit einem Benutzer, sondern es können sich auch mehrere Personen denselben Browser auf dem Computer teilen und trotzdem jeweils über ihre personalisierten Funktionen und Einstellungen verfügen.

Google-Konto als Voraussetzung

Voraussetzung ist das Anlegen eines Google-Kontos, mit dem Sie dann im Übrigen alle möglichen Google-Dienste (wie z.B. Mail, Kalender, die Online-Bürosoftware Docs oder das Facebook-Pendant Google+) nutzen können (► Seite 110). Beim ersten Start von Chrome werden Sie zur Anmeldung aufgefordert bzw. können Sie jederzeit rechts oben auf das Benutzersymbol klicken und dann >>In Chrome anmelden ...<< wählen. Nach der Anmeldung werden die Daten hochgeladen und von jedem weiteren mit ihren Zugangsdaten angemeldeten Browser abgerufen bzw. dient dieser Service auch der Sicherung Ihrer Einstellungen für den Fall eines Computerdefekts.

Passwörter nicht speichern

Wie bei allen Browsern raten wir, Passwörter aus Sicherheitsgründen nicht zu speichern. Chrome ist so voreingestellt, dass er bei Eingabe eines Passwortes danach fragt, ob er dies tun soll. Weitere Optionen finden Sie unter >>(Benutzersymbol)/Einstellungen/Erweiterte Einstellungen anzeigen<<. Verzichten Sie außerdem auf fremden bzw. für Dritte zugänglichen Computern auf die Anmeldung bei Ihrem Google-Konto oder löschen Sie zumindest am Ende gezielt alle Browserdaten (zu finden ebenfalls unter >>Erweiterte Einstellungen<<). Alternativ dazu können Sie unter den Einstellungen ein „Inkognito-Fenster" öffnen.

Browser synchronisieren: Internet Explorer und Edge

Ähnlich wie bei einem Google-Account unter Chrome (► Seite 125) lassen sich die Favoriten und die Leseliste nur über ein Microsoft-Konto synchron halten. Unter Windows 10 ist diese Möglichkeit beim neu entwickelten Edge-Browser unter dessen Einstellungen bei „Favoriten und Leseliste synchronisieren" zu finden. Mit dem Internet Explorer 11 ist dies allerdings nur unter Windows 8.1 möglich, unter Windows 10 werden nur noch die Einstellungen abgeglichen.

Mehr als der Browser

Microsoft beschränkt sich beim Synchronisieren allerdings nicht auf den Browser. Windows 10 ist – vergleichbar mit dem Angebot von Apple – eine Gesamtlösung für Nutzer, die sich in erster Linie in der Windows-Welt bewegen. Deshalb werden z.B. auch das Design und die Spracheinstellungen abgeglichen. Zu den entsprechenden Menüpunkten gelangen Sie am Computer über Klick auf das Windows-Symbol und weiter mit >>Einstellungen/Konten/Einstellungen synchronisieren<<.

Drittanbieter-Alternative

Eine Alternative für die gängigen Browser (ohne Edge) stellt das Programm Xmarks dar (www.xmarks.com), das in der Basisversion ebenfalls kostenlos ist und sogar Browser-übergreifend funktioniert. Allerdings beschränkt sich die Synchronisation dann auf die Favoriten (= Lesezeichen). Die kostenpflichtige Version gleicht hingegen auch die geöffneten Tabs (Programmfenster) ab und ist für die Verwendung auf Smartphones geeignet. Die Kosten belaufen sich auf 12 US-Dollar pro Jahr.

Internet Explorer deaktivieren

Der unter Windows standardmäßig installierte Internet Explorer ist technisch nicht mehr auf Höhe der Zeit und wird von Microsoft bald nicht mehr unterstützt. Wenn Sie sich stattdessen für einen alternativen Browser wie Firefox entscheiden, sollten Sie den Internet Explorer in seine Schranken weisen.

Programmzugriff neu festlegen

Ein neuer Browser kann zwar direkt als Standardbrowser festlegt werden, aber um wirklich alle Verknüpfungen zum Internet Explorer zu entfernen, sollten Sie zusätzlich in den Systemeinstellungen den Programmzugriff darauf deaktivieren. Dazu öffnen Sie die Systemsteuerung (► Seite 11) und navigieren zu >>Programme/Standardprogramme/Programmzugriff und Computerstandards festlegen<<. In dem nun erscheinenden Fenster klappen Sie das Menü mittels Klick auf >>Benutzerdefiniert<< aus und entfernen hier den Haken bei „Zugriff auf dieses Programm aktivieren" im Eintrag für den Internet Explorer. Dazu darf dieser selbst allerdings nicht ausgewählt sein, sondern stattdessen der gewünschte Standardbrowser, indem der Punkt vor den jeweiligen Browsernamen gesetzt ist! Mit einem Klick auf die Schaltfläche >>OK<< werden die Änderungen eingerichtet. Wenn Sie diese Schritte hinter sich gebracht haben, ist noch eine weitere Einstellung nötig, um den Internet Explorer endgültig loszuwerden: Unter >>Systemsteuerung/Programme<< findet sich in der obersten Kategorie die Option >>Windows-Features aktivieren oder deaktivieren<< (Unter Windows 7 heißt es noch „Funktionen" statt „Features"). In dem neuen Fenster entfernen Sie den Haken im Kontrollkästchen des Internet Explorers. Nach dem Bestätigen mit >>OK<< ist abschließend ein Neustart erforderlich.

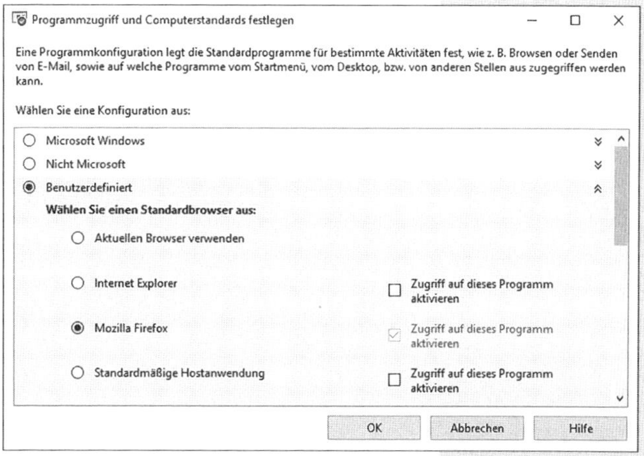

Browser: Bildschirmanzeige vergrößern

Nicht nur ältere Semester tun sich manchmal schwer, Internetseiten im Browser mühelos zu lesen. Eine zu geringe Schriftgröße ist aber nicht die alleinige Schuld des Website-Betreibers, sondern hängt z.B. auch mit der jeweiligen Auflösung des Computermonitors zusammen. Je höher diese ist, desto schärfer die Darstellung, desto kleiner wird sie allerdings auch.

Erleichterte Bedienung

Das Betriebssystem selbst hat unter >>Systemsteuerung/Erleichterte Bedienung/Center für Erleichterte Bedienung<< diverse Hilfsmittel eingebaut, darunter die Bildschirmlupe. Diese Werkzeuge sind in erster Linie für Nutzer mit stärkeren körperlichen Beeinträchtigungen gedacht. Speziell für das Lesen kleiner Schrift im Browser kurzfristig hilfreich ist die integrierte Zoomfunktion, die nicht einen bestimmten Bildschirmausschnitt, sondern das gesamte Fenster vergrößert.

Zoom per Mausrad

Diese Funktion können Sie auf zwei Arten aufrufen: Drücken Sie einfach die Taste Strg und drehen Sie am Scrollrad der Maus. Je nach Bewegungsrichtung des Scrollrades wird die Bildschirmdarstellung größer oder kleiner.

Alternativ über die Tastatur

Ohne Maus funktioniert dies durch Drücken der Strg-Taste sowie der Plus- bzw. der Minus-Taste. Mit Strg+0 wiederum setzen Sie den Bildschirm auf die Ausgangsdarstellung zurück.

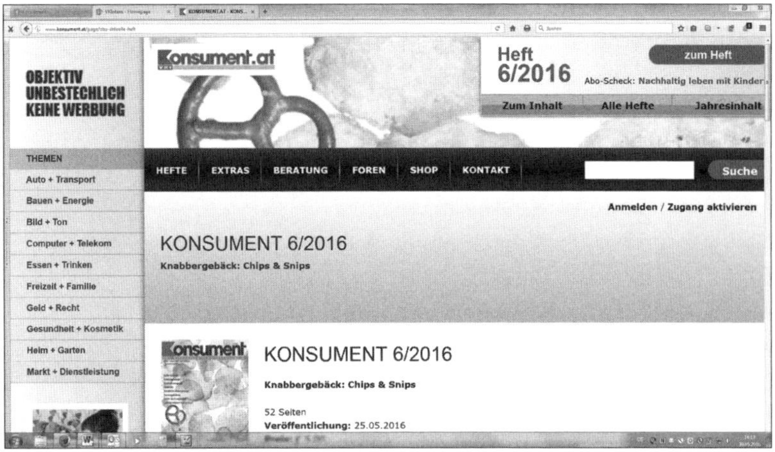

Browser-Erweiterungen

Die gängigen Browser lassen sich noch individueller, praktischer und effizienter gestalten. „Add-ons" oder „Erweiterungen" heißen die kleinen Programme, die sich nahtlos in den Browser integrieren und ihn um diverse Funktionen erweitern. Um zur Add-ons-Auswahl zu gelangen, klicken Sie:

Gezielt suchen

- Im IE auf >>Extras/Add-ons verwalten/Symbolleisten und Erweiterungen/Weitere Symbolleisten und Erweiterungen suchen<<. Die Zahl der verfügbaren Add-ons ist allerdings im Rückgang begriffen, weil Microsoft den Internet Explorer auslaufen lässt.
- Im Edge-Browser waren zum Zeitpunkt des Erscheinens dieses Buches noch keine Add-ons integriert. Laut Mircosoft werden diese jedoch in naher Zukunft über den Windows Store bereitgestellt.
- Im Firefox führt der Pfad über das Menüsymbol mit den drei horizontalen Balken und danach >>Add-ons/Add-ons suchen<<. Die Auswahl ist hier von allen Browsern die größte, weil Anbieter Mozilla sozusagen der Add-ons-Pionier war.
- Unter Google Chrome finden Sie nach Klick auf das Menüsymbol mit den drei horizontalen Balken die Option >>Weitere Tools/Erweiterungen<< und dort einen Link zum Chrome Web Store namens >>Mehr Erweiterungen herunterladen<<.

Add-ons für alle Browser

Beliebte Erweiterungen sind oft für alle Browser verfügbar. Dazu gehört z.B. der Werbeblocker „Adblock Plus", welcher die Darstellung von Webseiten um viele Werbeeinblendungen reduziert. Ebenfalls universell verfügbar ist Ghostery. Damit reduzieren Sie die Nachverfolgbarkeit der eigenen Aktivitäten im Internet. Es lohnt sich, in den Auswahllisten zu schmökern. Bewertungen und Erfahrungsberichte anderer User helfen bei der Entscheidung.

Einfache Deinstallation

Übrigens ist es sehr einfach, Add-ons wieder zu deinstallieren, sodass Sie auch als weniger versierter User keine Scheu davor haben müssen.

Browser-Toolbars entfernen

Wenn im Browserfenster eine zusätzliche Leiste mit Suchfeld, Menüpunkten oder Links aufscheint und Ihre gewohnte Suchmaschine plötzlich durch eine andere ersetzt wurde, dann haben Sie vermutlich ungewollt eine Toolbar (Werkzeugleiste) installiert. Sie stammen meist von Suchmaschinenanbietern, z.B. von Google, Yahoo oder – besonders häufig – Ask.

Unerwünschte Draufgabe

Im Laufe der Zeit können sich auch mehrere davon ansammeln. Man erhält sie oft als unerwünschte Draufgabe bei der Installation von kostenloser Software, sofern man die entsprechenden (leicht zu übersehenden) Optionen nicht gezielt deaktiviert. Zum Teil muss man auf >>Benutzerdefinierte Installation<< klicken, um überhaupt zu ihnen zu gelangen.

Neue Browserversionen fragen nach

Entgegen den vollmundigen Versprechungen ist der Nutzen der Toolbars gering und manche davon stehen im Verdacht, als Datenspione zu dienen. Immerhin haben die aktuellen Browserversionen nun eine Sicherheitsschranke integriert und fragen nochmals nach, ob die Toolbar tatsächlich aktiviert werden soll. Firefox und Chrome erlauben zudem das Entfernen bereits installierter Toolbars aus dem Browser selbst [>>(Menüsymbol)/Add-ons/Erweiterungen<< bzw. >>(Menüsymbol)/Weitere Tools/Erweiterungen<<], im Internet Explorer kann man sie lediglich deaktivieren (>>Extras/Add-ons verwalten<<).

Deinstallation vom Computer empfehlenswert

Sinnvoller ist es in jedem Fall, sie vollständig vom Computer zu entfernen. Schließen Sie dazu zunächst alle Browserfenster und deinstallieren Sie dann die Toolbars bzw. dazugehörigen Programme wie im Tipp auf ► Seite 15 beschrieben. Starten Sie dann den PC neu. Vorsicht bei Freeware, wie z.B. Browser Cleaner! Damit holen Sie sich erst recht wieder unerwünschte Zusatzprogramme auf den Computer.

Standardsuchmaschine wiederherstellen

Abschließend müssen Sie eventuell noch Ihre Standardsuchmaschine im Browser wiederherstellen, entweder als Startseite oder in der Suchleiste (► Seite 122).

Sicherer surfen mit Web of Trust

„Web of Trust (WOT)" ist eine kostenlose Browser-Erweiterung (Add-on). Dahinter steht eine internationale User-Gemeinschaft, die auf Basis eigener Erfahrungen Websites hinsichtlich Vertrauenswürdigkeit und Jugendschutz bewertet. Das Abgeben von Bewertungen ist immer möglich, als registriertes Mitglied dürfen Sie auch Kommentare online stellen und mit anderen Usern kommunizieren.

Registrierungsvorgang abbrechen

Bei der Erstinstallation gelangen Sie zu einem Registrierungsformular. Möchten Sie kein Benutzerkonto einrichten, dann brechen Sie den Vorgang einfach ab. Das Add-on funktioniert trotzdem.

Grün, Gelb und Rot

Grün markierte Websites gelten als unbedenklich, bei Gelb ist Vorsicht geboten und Rot bedeutet „Stopp". Diese kreisförmigen Markierungen werden neben den Treffern der gängigen Suchmaschinen angezeigt. Wenn Sie den Mauszeiger darauf stellen, öffnet sich ein Fenster mit zusätzlichen Informationen, ein Klick ins Fenster führt dann zu den Details. Das Kreissymbol finden Sie auch in der Symbolleiste Ihres Browsers (falls nicht, müssen Sie die Symbolleiste entsprechend anpassen).

Einstellungen anpassen

Wenn Sie auf das Kreissymbol in der Symbolleiste klicken, können Sie eine eigene Bewertung abgeben bzw. gelangen Sie u.a. zu den Einstellungen. Im Großen und Ganzen können Sie die Vorgaben belassen. Falls Sie ein Benutzerkonto angelegt haben und sich nicht automatisch anmelden lassen möchten, dann klicken Sie auf >>Erweiterte Einstellungen anzeigen>> und deaktivieren die Option „Cookies einschalten ...".

Einschränkungen

Die Wermutstropfen: Es gibt derzeit keine Möglichkeit, die WOT-Einstellungen mittels Passwort abzusichern. Und es sind noch längst nicht alle Websites ausreichend oft bewertet worden, um ihnen (bzw. den Nutzerbewertungen) blindes Vertrauen zu schenken. Trotzdem kann WOT eine brauchbare Entscheidungshilfe sein, nicht zuletzt beim Online-Shopping.

Webseiten „umweltfreundlich" drucken

Die (englischsprachige) Website Printfriendly.com bietet eine leicht verständliche und einfach bedienbare „Ausdruckhilfe" für Internetseiten, welche in dieser Form in den Browsern selbst nicht verfügbar ist: Rufen Sie in einem Browser-Tab jene Seite auf, die Sie ausdrucken möchten. Klicken Sie mit der Maus in die Adresszeile, sodass die Internetadresse (URL) blau unterlegt ist, und betätigen Sie die Tastenkombination Strg+C. Damit kopieren Sie die Adresse in die Zwischenablage des Computers.

Adresse einfügen

Nun wechseln Sie zum Tab, in dem Sie www.printfriendly.com geöffnet haben, klicken in das grün umrandete Feld mit der Aufforderung „enter any url" und betätigen die Tastenkombination Strg+V. Damit fügen Sie die kopierte Adresse ein. Ein Klick auf das schwarze Feld >>print preview<< startet das Erstellen der Druckvorschau.

Text oder Fotos entfernen

Die Besonderheit daran: Wenn Sie mit dem Mauszeiger über den Text fahren, dann können Sie jene Absätze, die gelb unterlegt sind, mittels Mausklick löschen. Das Anklicken der Option >>no images<< blendet zudem alle Fotos aus, sodass Sie Papier und Tinte/Toner sparen und letztlich nur das für Sie Wesentliche in der Hand halten.

PDF-Umwandlung

Auch die Umwandlung in ein PDF ist möglich, welches Sie dann auf Ihrem Computer abspeichern können. Und bei Bedarf können Sie die Schriftgröße anpassen. Eine Garantie, dass sämtliche Teile einer Internetseite durch printfriendly.com erkannt und dargestellt werden, gibt es natürlich nicht, doch kann sich dieses kostenlose Angebot in vielen Fällen als nützlich erweisen.

Erweiterung für den Browser

Wenn Sie diese Funktion öfters nutzen, besteht auch die Möglichkeit Print Friendly als Browsererweiterung zu installieren. Damit können Sie jede geöffnete Webseite mit einem Klick auf einen Toolbar-Button formatieren.

Webseiten lokal speichern

Es dauert oft nicht lange, bis ein Link, den man archivieren wollte, ins Leere führt. Lokales Speichern ist die Alternative. Die Frage ist, welche Bestandteile einer Webseite Sie haben möchten. Über das Browsermenü steht der Befehl >>Datei/Seite speichern unter<< zur Verfügung. Wählen können Sie zumindest zwischen „vollständig" und „nur HTML". Ersteres ist selbsterklärend, Letzteres liefert lediglich den Text auf weißem Hintergrund samt den aktiven Links.

Nicht ohne Nachteile

Beides kann nur in einem Browser geöffnet werden. Die Nachteile der vollständigen Version sind, dass sie aus einem HTML-Dokument plus Ordner besteht und dass sie relativ groß ist. Nachteil der HTML-Version ist die Unübersichtlichkeit, weil die ursprüngliche Formatierung verloren geht.

Erstellen von PDF-Dokumenten

Ähnliche Phänomene treten auf, wenn Sie Software wie PDF24, PDF Creator oder die „Print to PDF"-Funktion von Windows 10 verwenden. Wenigstens haben Sie dann ein PDF-Dokument (► Seite 71), das Sie weiter bearbeiten können (z.B. in einer aktuellen Word-Version, einem PDF-Reader oder einem Bildbearbeitungsprogramm). Natürlich können Sie auch einfach Text oder Bilder von einer Webseite herauskopieren bzw. mit rechtem Mausklick speichern.

Originalgetreue Fotos

Originalgetreue Fotos von Webseiten erhalten Sie via Screenshot (Taste S-Abf, Windows-Zubehör Snipping Tool oder im Edge-Browser über das Symbol >>Webseitennotiz erstellen<<; ► Seite 77). Bei umfangreicheren Seiten müssen Sie stückeln.

Kommerzielle Software

Die Alternative ist kommerzielle Software, wie der 7-PDF Website Converter (www.7-pdf.de, ca. 23 Euro). Er ist ein Tool mit gutem Preis-Leistungs-Verhältnis für den Privatgebrauch. Das Erstellen eines Inhaltsverzeichnisses zählt zu den praktischen Zusatzfunktionen der Software, die layoutgetreue PDFs erzeugt.

Lesezeichenverwaltung: Links direkt aufrufen

Internetbrowser bieten die Möglichkeit, so genannte Favoriten oder Lesezeichen zu setzen, damit ausgewählte Internetseiten schnell wieder geöffnet werden können.

Lesezeichen setzen

In der Regel befindet sich dafür neben der Adresse der aktuell geöffneten Seite ein Sternsymbol. Klicken Sie darauf, können Sie für die Seite ein Lesezeichen („Bookmark") setzen. Diese können ähnlich wie Dateien in Ordnern strukturiert werden, ein besonderer Platz ist dabei jedoch die Favoriten- bzw. Lesezeichenleiste. Diese kann nämlich über das Menü dauerhaft unterhalb der Adressleiste eingeblendet werden und bietet so eine schnelle Aufrufbarkeit der für Sie wichtigsten und interessantesten Internetseiten.

Verknüpfung auf dem Desktop

Zusätzlich können Sie jedoch auch bei geschlossenem Browser direkt die gewünschten Seiten aufrufen, indem Sie eine Verknüpfung zu der Webseite auf dem Desktop erstellen. Dazu können Sie das Lesezeichen einfach mit gedrückt gehaltener linker Maustaste auf den Desktop ziehen. Gegebenenfalls müssen Sie zuvor das Browserfenster so weit verkleinern, dass Sie daneben einen Teil vom Desktop sehen können. Ab sofort genügt ein Doppelklick auf das Desktop-Symbol und Sie gelangen direkt zur gewünschten Internetseite.

Verknüpfung in der Taskleiste

Unter den Betriebssystemen Windows 7 und 8.1 können Sie das Lesezeichen auch hinunter zur Taskleiste ziehen, um es dort nach Loslassen der Maustaste anzuheften.

Als Kachel im Startmenü

Unter Windows 10 ist die Taskleiste Verknüpfungen zu Programmen und Ordnern vorbehalten. Mit dem Edge-Browser können Sie Seiten allerdings auch direkt eine eigene Kachel im Startmenü zuweisen. Im Menü des Browsers (das Symbol rechts oben mit den drei Punkten) findet sich dazu der Eintrag >>Diese Seite an Start anheften<<.

Zusatzfunktionen von Google

Hier nun drei praktische Tipps in einem: Google ist bekanntermaßen eine vielseitige Suchmaschine. Bei Bedarf verrät sie Ihnen im Handumdrehen die Uhrzeit, dient als Taschenrechner oder liefert Ihnen eine tagesaktuelle Währungsumrechung.

Zwischen Wien, New York und Tokio

Die Zeitzonen auf unserer Erde haben ja mitunter schon zu Missverständnissen geführt. Wenn Sie vermeiden möchten, Ihre Tante in New York aus dem Schlaf zu reißen, wissen möchten, ob die Bewohner von Buenos Aires gerade Siesta halten oder in Tokio bereits die Sonne des nächsten Tages aufgeht, dann können Sie Google zu Rate ziehen. Allerdings müssen Sie mit der Suchmaschine englisch „sprechen".

What time is it in ...

Tippen Sie einfach (unter Auslassung der Anführungszeichen) in das Suchfeld folgenden Satz ein: „what time is it in" und ergänzen Sie ihn mit dem Ort, dessen lokale Uhrzeit Sie erfragen möchten. Das umgehend angezeigte Ergebnis ist dann sogar (großteils) auf Deutsch abgefasst. Bei den größeren Städten ist es auch kein Problem, deren deutschen Namen einzugeben. Google übersetzt diesen selbsttätig ins Englische.

Multiplizieren, Wurzel ziehen

Die Rechenfunktion der Suchmaschine ersetzt problemlos den Taschenrechner (der in der Folge auch virtuell am Bildschirm aufscheint) und führt auch umfangreichere und kompliziertere Rechenoperationen durch. Sie müssen lediglich beachten, als Multiplikationszeichen einen Asterisk (*) zu verwenden. Bei Dezimalzahlen kann nach deutscher Schreibweise ein Komma gesetzt werden, Zähler und Nenner von Bruchzahlen – die von Google in Dezimalzahlen umgerechnet werden – trennt man durch einen Schrägstrich (/). Wollen Sie die Quadratwurzel einer Zahl berechnen, setzen Sie „sqrt" davor (z.B. sqrt 16). Das Kürzel steht für das englische „square root". Umgekehrt entspricht die Schreibweise 5^2 dem Quadrat der Zahl 5.

Längeneinheiten umrechnen

Weiters kann Google Längenmaße umrechnen: 1 Kilometer in Meter, 1 Meile in Meter, 1 Dezimeter in Millimeter – solche und ähnliche Anfragen beantwortet Google innerhalb von Sekunden.

Währungsumrechnung

Manchmal möchte man z.B. rasch wissen, wie viel 100 Euro in US-Dollar, in Britischen Pfund oder in Schweizer Franken sind – oder auch umgekehrt. Dazu geben Sie ins Suchfeld von Google einfach Folgendes ein: 100 Euro in US-Dollar. Klicken Sie auf das Lupensymbol oder betätigen Sie die Eingabetaste und schon sehen Sie an oberster Stelle der Trefferliste fett gedruckt das Ergebnis.

Mit Währungsbezeichnung experimentieren

Manchmal müssen Sie mit der Währungsbezeichnung ein wenig experimentieren. So akzeptiert Google weder die Angabe „Pfund" alleine noch „Britische Pfund". Stattdessen verlangt die Suchmaschine nach „Pfund Sterling" oder dem Kürzel „GBP". Gleiches gilt für Franken, wo die korrekte Eingabe „Schweizer Franken" oder „CHF" lauten muss. Trotzdem ist die Währungsumrechnung eine praktische Google-Funktion mehr.

Gezielter Suchen mit Google & Co.

Trotz Datenschutzbedenken ist Google die mit Abstand populärste Suchmaschine und liefert oft die gründlichsten Ergebnisse.

Suchoptionen verwenden

Über den Google-Ergebnissen finden Sie mehrere Möglichkeiten, um die Suche genauer zu bestimmen. Neben der gezielten Suche nach Bildern oder Videos lassen sich Suchoptionen am oberen Rand einblenden, mit denen Sie die Suche auf ein bestimmtes Land oder eine bestimmte Sprache, sowie einen Zeitraum einschränken können.

Zeitraum der Ergebnisse festlegen

Gerade wenn Sie auf der Suche nach aktuellen Ergebnissen sind, hilft die Möglichkeit, die Suche beispielsweise auf das letzte Jahr, die letzte Woche oder einen beliebig festgelegten Zeitraum einzuschränken.

Nach exakten Sätzen suchen

Wenn Sie mehrere Wörter gleichzeitig als Suchbegriffe verwenden, sucht Google nach Seiten, auf denen diese Begriffe vorkommen. Für treffsichere Ergebnisse können Sie die Wörter in Anführungszeichen setzten – dadurch wird Google nach exakt diesem Satz suchen.

Suchbegriffe ergänzen

Wenn Sie sich nur teilweise an die gesuchten Begriffe erinnern oder Ihre Suche automatisch ergänzen lassen wollen, hilft der Platzhalter. Dieser wird mit einem Asterisk (= Sternchen: *) angegeben und veranlasst Google, einen Begriff oder Satz mit populären Ergebnissen zu ergänzen. Brauchen Sie beispielsweise Anregungen für Pasta-Kochrezepte, suchen Sie nach „Spaghetti mit *“.

Suchbegriffe ausschließen

Manchmal kommt es vor, dass man bestimmte Ausdrücke völlig ausschließen möchte. Dies wird mit einem Minuszeichen vor einem unerwünschten Suchbegriff erreicht, z.B. „Spaghetti -Tomatensauce“. Begriffe, die mit einem Pluszeichen vorweg eingegeben werden, werden dementsprechend berücksichtigt. Kombinationen funktionieren dabei auch, wie etwa „Spaghetti + Lachs -Tomatensauce“. Die anderen Suchmaschinen bieten übrigens vergleichbare Möglichkeiten.

Service

- Glossar
- Stichwortverzeichnis

Add-on
auch: Erweiterung. Ein Softwaremodul, das in ein vorhandenes Computerprogramm oder einen ► Browser integriert wird und dessen Funktionsumfang erweitert.

App
Der Begriff „App" als Kurzform von englisch: „application" (Anwendung) hat sich mittlerweile auch außerhalb der Smartphones und Tablets als Synonym für Anwendungssoftware (= Programm) etabliert.

Arbeitsspeicher
► Speicher

Backup
Ein Backup bezeichnet eine Sicherungskopie, durch die sich verlorene oder fehlerhafte Daten wiederherstellen lassen.

Benutzerkonto
Ein Benutzerkonto (englisch: „account") besteht im Wesentlichen aus einem Benutzernamen und einem Passwort, um damit die zugehörigen persönlichen Daten und Konfigurationseinstellungen zu authentifizieren.

Beta-Version
Bezeichnung für einen frühen Entwicklungsstand eines Computerprogramms. Die Beta-Version einer Software erhebt noch keinen Anspruch auf fehlerfreie oder vollständige Funktionalität.

Betriebssystem
Das Betriebssystem (englisch: operating system, kurz „OS") bildet sozusagen die notwendige Softwareumgebung, um Anwendungen darauf ausführen zu können. Die heutzutage populärsten Betriebssysteme sind Microsoft Windows, Apple OS X oder auf Linux basierte Systeme wie Android.

Browser
Ein Browser (auch: Web- oder Internetbrowser) ist ein Programm zur Darstellung von Webseiten. Das englische Verb „browse" bedeutet in etwa „durchstöbern"; für das Navigieren von Seite zu Seite verwendet man allerdings auch gerne den Begriff „surfen".

Cloud
Eine Cloud (englisch für: Wolke) ist eine etwas abstrakte Bezeichnung für ein Rechnernetzwerk, das in der Regel Speicher- und Serverdienste bereitstellt, um eigene Daten dort auslagern und von überall darauf zugreifen zu können.

Codec
Ein Verfahren, um Daten oder Signale in ein bestimmtes Format zu konvertieren. Besonders bei Audio- und Videodateien, aber auch bei digitalen Bildern spielen Codecs eine wesentliche Rolle.

Cookie
Ein Cookie (englisch für: Keks, Plätzchen) speichert lokal Daten über besuchte Webseiten, die beim erneuten Besuch wieder automatisch aufgerufen werden. Dadurch hat jedoch auch der Webseitenbetreiber Zugriff auf diese gespeicherten Informationen.

Dateiformat
Dateien eines bestimmten Typs werden durch ihr Dateiformat standardisiert, um sie mit unterschiedlichen geeigneten Programmen öffnen zu können.

Dateisystem
Betriebssysteme verwenden unterschiedliche Dateisysteme, um die Dateien auf Datenträgern wie Festplatten, USB-Sticks usw. zu verwalten. Das Standarddateisystem von Windows lautet NTFS. Aber auch das 20 Jahre alte ► FAT32 ist weiterhin verbreitet.

Dateiversionsverlauf Eine Form der automatischen Sicherungskopie von Dateien auf externen Datenträgern seit Windows 8.

Defragmentierung Mit speziellen Programmen durchführbare Neuordnung von Daten auf einem Datenträger, um den Zugriff darauf zu beschleunigen.

Desktop Englische Bezeichnung für Schreibtisch und sinnbildhaft für den freien Bereich auf dem Bildschirm. Als Arbeitsfläche mit Hintergrundbild, die den gesamten Bildschirm ausfüllt, wenn kein Fenster sie verdeckt, entspricht der Desktop letztlich einem Ordner, in dem Dateien abgelegt werden können.

Drittanbieter Diese Bezeichnung wird für einen Fremdhersteller verwendet, welcher seine Produkte auf der Grundlage eines Erstanbieterproduktes aufbaut. So kann jede Software, die nicht von Microsoft selbst entwickelt wurde, aber auf Windows läuft, als Drittanbieter-Software bezeichnet werden.

Erweiterung ► Add-on

Explorer Unter Windows 7 noch „Windows-Explorer" genannt. Name des Dateimanagers des Windows-Betriebssystems. Auch die Desktop-Umgebung mit der Darstellung von Ordner- und Dateisymbolen und dem Startmenü gehört strenggenommen zum Explorer.

FAT Ein von Microsoft entwickeltes ► Dateisystem, welches durch NTFS abgelöst wurde. Allerdings wird die mittlerweile 20 Jahre alte Version FAT32 trotz ihrer Beschränkungen (Dateien darauf können maximal 4 Gigabyte groß sein) zum Datenaustausch mit anderen Systemen wie Linux oder OS X eingesetzt – vorwiegend auf USB-Speichersticks und mobilen Festplatten.

Festplatte (englische Bezeichnung: harddisk oder harddrive). Ein magnetisches Speichermedium, welches bis vor kurzem in fast jedem Computer genutzt wurde und inzwischen mehr und mehr von ► SSDs abgelöst wird. Obwohl der Begriff „Festplatte" fälschlicherweise auch für SSDs verwendet wird, basieren diese auf einer anderen Technologie und sind sehr viel leistungsstärker.

Firewall Eine Firewall („Brandschutzmauer") ist ein Sicherungssystem, um unerwünschten Zugriff über das Netzwerk auf den Computer zu verhindern. Eine Firewall-Software kann durch Regeln konfiguriert werden. Sie übernimmt gewissermaßen die Rolle eines Türstehers und überwacht den ein- und ausgehenden Datenverkehr. Zusätzlich zur Firewall sollte immer Virenschutzsoftware installiert sein. Beide erfüllen unterschiedliche Funktionen und tragen zur Erhöhung der Sicherheit bei.

Formatieren Dieser Begriff kann je nach Kontext verschiedene Bedeutungen haben. Formatierter Text zeichnet sich durch eine differenzierte Darstellung aus, in der Bereiche fett gedruckt, kursiv, eingerückt oder unterstrichen werden. Ein formatierter Datenträger hingegen wird auf ein bestimmtes Dateisystem eingerichtet und bei diesem Vorgang werden in der Regel alle darauf befindlichen Daten gelöscht.

Freemail
Bezeichnet das kostenlose Angebot einer E-Mail-Adresse und eines dazugehörigen E-Mail-Postfachs. Dieses wird in der Regel werbefinanziert, kann aber auch kostenpflichtig erweitert werden, um etwa mehr Speicherplatz zu erhalten. Populäre Anbieter sind beispielsweise GMX, Google oder Microsoft.

Freeware
Software, die von ihren Entwicklern kostenlos zur allgemeinen Nutzung zur Verfügung gestellt wird.

Funktionstasten
Die 12 Funktionstasten am oberen Bereich der Tastatur (F1, F2, ...) können je nach Betriebssystem und Anwendung unterschiedliche Funktionen übernehmen.

Gmail
Gmail ist ein ► Freemail-Dienst der Firma Google und bietet ein kostenloses E-Mail-Konto mit der Endung „@gmail.com".

GMX
Ein deutscher ► Freemail-Anbieter, der zu 1&1 gehört und bereits seit 1997 existiert.

Hotspot
Ein Hotspot steht umgangssprachlich für ein offenes ► WLAN-Netzwerk, also einen frei zugänglichen drahtlosen Internetzugang.

HTML
Die Hypertext Markup Language (englisch für Hypertext-Auszeichnungssprache) bildet die grundlegende textbasierte Struktur von Webseiten und deren Darstellung im ► Browser. Webseiten werden dabei als HTML-Dokumente gespeichert.

HTTP
Das Hypertext Transfer Protocol (englisch für Hypertext-Übertragungsprotokoll) bezeichnet eine bestimmte Art der Dateiübertragung, die vor allem bei der Darstellung von HTML-Dokumenten im ► Browser zur Anwendung kommt.

Hyperlink
Ein Hyperlink oder kurz: „Link" ist sinngemäß ein Verweis auf ein elektronisches Dokument oder eine andere Stelle innerhalb eines Dokuments. Der Begriff wird in erster Linie für die klickbaren Verknüpfungen von Webseiten verwendet.

iCloud
Online-Dienst des Unternehmens Apple, mit dem Daten gespeichert und synchronisiert werden können.

Indizierung
Die Indizierung (oder auch: Indexierung) eines Datenträgers erstellt einen Index, mit dem sich die darauf befindlichen Daten leicht mittels Schlagwörtern durchsuchen lassen.

Installation
Bezeichnet den Vorgang, bei dem neue Software auf ein System kopiert und darauf eingerichtet wird. Heutzutage ist dieser Ablauf weitestgehend automatisiert und erfordert nur wenige Entscheidungen vom Benutzer. Wenn bereits vorhandene Software auf den neuesten Stand gebracht wird, spricht man dabei von einem Update (zu Deutsch: Aktualisierung).

IP-Adresse
In einem ► Netzwerk wird jedem Gerät eine IP-Adresse in Form einer eindeutigen Nummer zugeordnet. IP steht dabei für Internetprotokoll.

iTunes Ein Musikverwaltungs- und Abspielprogramm der Firma Apple.

JPEG Gemeinhin die Bezeichnung für eine Norm der Joint Photographic Experts Group zur effizienten Speicherung von Bilddateien und das am weitesten verbreitete Grafikformat für Fotos im Internet.

Junk In Bezug auf E-Mails bedeutet Junk (englisch für „Abfall") im weitesten Sinne unerwünschte Post, die überwiegend in Form von Werbung im Posteingang landet. Geläufig dafür ist auch die Bezeichnung „Spam". Diese ist eigentlich die Kurzform von „spiced ham", also Frühstücksfleisch in Dosen. Ihren Weg in einen völlig anderen Bereich fand sie über einen Sketch der britischen Komikertruppe Monty Python, in dem eine Horde Wikinger innerhalb weniger Minuten mehr als hundert Mal den Begriff erwähnt. Spam im Überfluss also.

Kompression Bei einer Datenkompression wird der benötigte Speicherplatz reduziert. Der Vorgang wird auch als Komprimierung bezeichnet. So lassen sich beliebige Daten im ► Zip-Format komprimieren bzw. zusammenpacken und man spart Übertragungszeit beim Herunterladen aus dem Internet. Auch bekannt ist bei Musikdateien das MP3-Format und bei Fotos das JPEG-Format, welche beide mit leichten Qualitätsverlusten komprimiert sind.

Konvertierung Bezeichnet das Verfahren zur Änderung eines ► Dateifomats. Dabei ist zu unterscheiden, ob bei dieser Umwandlung Informationen verloren gehen (etwa bei der ► Kompression von Fotos oder Musikdateien), oder ob die Umwandung verlustfrei erfolgt (etwa beim Packen von ► Zip-Dateien). Darüber hinaus gibt es noch andere zweckmäßige Konvertierungen, wie z.B. von Word-Dokumenten zu ► PDF-Dokumenten.

LibreOffice LibreOffice ist eine freie Sammlung von Büroanwendungen, ähnlich dem kommerziellen ► Microsoft Office. LibreOffice ist die Fortführung des ► OpenSource-Klassikers OpenOffice (heute Apache OpenOffice) und gilt mittlerweile als die fortschrittlichere und besser unterstützte Version.

Mailbox Zu übersetzen mit „Briefkasten" oder „Postfach". Bezeichnet hauptsächlich den Ordner in dem ankommende E-Mails gespeichert werden.

Microsoft Office Eine Zusammenstellung von mehreren Büro-Anwendungen, wie etwa zum Schreiben von Briefen (Word), zur Tabellenkalkulation (Excel), dem Erstellen von Präsentationen (PowerPoint), sowie dem Organisieren von Terminen und Kontakten (Outlook).

Modem Ein Gerät für die Einwahl ins Internet, entweder über den Telefonanschluss oder den TV-Kabelanschluss.

Netzwerk Ein Netzwerk bzw. Rechnernetz verbindet Computer, ► Server, Drucker und mittlerweile auch Smartphones und Tablets, um digitale Informationen auszutauschen. Seit dem Internetboom in den 1990er Jahren haben sich Netzwerke über die ganze Welt verteilt und zu einem gigantischen System entwickelt.

NTFS Abkürzung für „New Technology File System". Dabei handelt es sich um das von Microsoft verwendete ► Dateisystem auf modernen Windows-Rechnern.

OneDrive
► Cloudspeicherdienst des Unternehmens Microsoft, mit dem Daten gespeichert und synchronisiert werden können.

OpenOffice
► LibreOffice

OpenSource
Im Allgemeinen kostenlos verfügbare Software (siehe auch ► Freeware), deren Programmcode darüber hinaus offengelegt und für jeden Programmierer verfügbar ist, um weiterentwickelt zu werden.

Outlook
Bezeichnung einer Organizer-Software (E-Mail-, Kontakt- und Terminverwaltung) der Firma Microsoft (► Microsoft Office). Seit 2012 bietet Microsoft auch seinen ► Freemail-Dienst unter dem Namen Outlook.com an, welcher die bisherige Adresse Hotmail.com ersetzt.

Papierkorb
Dateien, welche unter Windows gelöscht werden, landen vorläufig im Papierkorb. Dieser wird durch ein Symbol auf dem ► Desktop repräsentiert. Um die Dateien endgültig zu löschen, muss der Papierkorb manuell geleert werden.

PDF
Das Portable Document Format ist ein weitverbreitetes Dokumentenformat der Firma Adobe. PDF-Dateien können im Gegensatz zu anderen Textformaten, wie etwa von Microsoft Word, nicht mehr so leicht verändert werden und eignen sich gut, um fertige Dokumente zu verschicken oder für einen Ausdruck bereitzustellen.

Phishing
Eine Wortschöpfung, zusammengesetzt aus dem englischen Wort „fishing" (zu Deutsch: angeln) sowie dem Begriff „password" („password fishing"). Gemeint ist der betrügerische Versuch, durch gefälschte Webseiten oder E-Mails an sensible persönliche Informationen, wie Benutzernamen und Passwörter zu gelangen, um etwa Daten für das Online-Banking zu erhalten. Die Präsentation ist dabei oft täuschend echt, anhand der unseriösen Webadresse jedoch leicht zu enttarnen.

Plug-In
Ein (an sich auch selbstständig funktionsfähiges) Programm, das sich in ein anderes Programm „einklinkt" und dessen Funktionen erweitert.

Ransomware
Eine besonders perfide Spielart von ► Schadsoftware. Ransomware ist auch als Krypto-, Verschlüsselungs- oder Erpressungstrojaner bekannt. Die Funktionsweise ist simpel: Die Festplatte wird verschlüsselt, wer wieder Zugriff auf seine Daten haben möchte, muss bezahlen. Es gibt aber keine Garantie, dass man nach dem Bezahlen tatsächlich die Informationen zur Entschlüsselung der Festplatte erhält. Besser ist es, mittels ► Backup für den Ernstfall vorzusorgen.

Router
Ein Router (englisch für: Lotse, Verteiler) ist ein Netzwerkgerät, mit dem Daten an angeschlossene Endgeräte wie PCs, Notebooks oder auch Drucker weitergeleitet werden. Diese können entweder per Netzwerkkabel, bei vielen Routern aber auch kabellos per ► WLAN angeschlossen sein. Für den Einsatz in privaten Haushalten werden von den Internetanbietern meist ► Modem und Router in einem Gerät bereitgestellt.

Sandbox
Zu Deutsch: Sandkasten. Bezeichnet einen (technisch umgesetzten) isolierten Bereich, in dem Software vom Rest des Systems abgeschirmt werden kann. Somit kann etwa ein Webbrowser potenziell weniger Schaden im System anrichten.

Schadsoftware Für Schadsoftware (englisch: Malware) gibt es je nach Art viele Bezeichnungen: Viren, Würmer, Trojaner, Adware, usw. Gemeinsam ist ihnen eine nicht gerade wohlgesonnene Absicht, oft mit betrügerischem Hintergrund. Während manche Schadsoftware versucht, den PC unter fremde Kontrolle zu bringen, zielt andere darauf ab, direkt den Benutzer zu täuschen und persönliche Informationen wie etwa Kreditkartendaten abzugreifen.

Screenshot Zu Deutsch: Bildschirmfoto. Für dieses Vorhaben benötigt man praktischerweise keine Kamera, sondern entweder die Taste S-Abf oder ein kleines Programm (unter Windows das „Snipping Tool"), welches den aktuellen Bildschirminhalt in einer Bilddatei abspeichert.

Server Als Server wird in der Netzwerktechnik ein Programm bezeichnet, welches Dienste zur Verfügung stellt. Oft ist damit allerdings auch gleich die Computerhardware gemeint, auf welcher derartige Programme laufen. Diejenigen Computer bzw. Benutzer, die auf den Server zugreifen, werden als Clients (englisch für: Kunde) bezeichnet.

Setup (englisch für: Aufbau, Konfiguration) ► Installation

Shortcut Eine Tastenkombination, mit der Sie unterschiedliche Funktionen aufrufen können. Wie der englische Name schon sagt, ist diese meist eine Abkürzung gegenüber dem Weg über Menüs.

Spam ► Junk

Speicher Hier lässt sich differenzieren: Der Begriff Speichermedium kann synonym zu einem Datenträger wie einer Festplatte oder einer DVD verwendet werden. Demgegenüber gibt es den Arbeitsspeicher, der auch als „RAM" bezeichnet wird – eine Abkürzung, die auf Deutsch in etwa mit „Direktzugriffsspeicher" übersetzt werden kann. Dieser ist flüchtig, das heißt, sobald kein Strom mehr fließt gehen die Daten darin verloren. Arbeitsspeicher dient daher nicht zur Sicherung, sondern zur kurzfristigen Speicherung und Berechnung von Daten.

Sperrbildschirm Bezeichnung für den verriegelten Zustand des angeschalteten PCs, vergleichbar mit dem Sperrbildschirm des Smartphones. Ein Sperrbildschirm verlangt ein Kennwort, um wieder Zugriff auf die Benutzeroberfläche zu erlangen. Meist wird neben einem Hintergrundbild höchstens noch die aktuelle Uhrzeit darauf angezeigt.

SSD Ein „Solid State Drive" (bzw. eine „Solid State Disk") ist ein Speichermedium auf Basis von Flash-Speicher, welcher etwa auch bei USB-Sticks Verwendung findet. SSDs sind wesentlich schneller und robuster als ► Festplattenlaufwerke, da sie keine beweglichen Teile enthalten.

SSL ► Zertifikat

Suchmaschine Allgemeine Bezeichnung für ein Programm zur Recherche von Dokumenten, wird jedoch hauptsächlich auf die Suche im Internet bezogen. Google ist gegenwärtig die populärste Suchmaschine, gefolgt von Bing (Microsoft).

Systemdatei
Im Gegensatz zu Dokumenten, Fotos oder anderen Dateien, die vom Benutzer gespeichert werden, sind Systemdateien Bestandteil des Betriebssystems und erfüllen darin eine bestimmte Funktion.

Systemsteuerung
Unter allen Windows-Betriebssystemen werden diverse Einstellungsmöglichkeiten in eine Art virtuellem Dateiordner namens „Systemsteuerung" zusammengefasst.

Task-Manager
Der Windows Taskmanager ist ein Bestandteil von Windows, in dem unter anderem alle aktiven Programme und Systemprozesse aufgelistet werden. Man kann darüber Prozesse gezielt beenden, auch wenn sie durch ein Problem selbst nicht mehr reagieren.

Taskleiste
Die Windows-Taskleiste wird standardmäßig am unteren Bildschirmrand dargestellt und beinhaltet unter anderem das Startmenü (Windows-Symbol), eine Zusammenfassung der geöffneten Fenster und eine Statusbereich, in dem neben der aktuellen Uhrzeit auch verschiedene Systembenachrichtigungen angezeigt werden können.

URL
Steht für „Uniform Resource Locator" und wird landläufig als Synonym für eine Internetadresse oder Webadresse verwendet.

USB-Stick
Ein USB-Stick ist ein Flash-basiertes Speichermedium, das direkt über eine USB-Buchse am PC angeschlossen wird.

Verknüpfung
Ähnlich wie ein Link verweist eine Verknüpfung auf das eigentliche Ziel. Unter Windows kann man zu jeder Datei oder zu jedem Programm eine Verknüpfung erstellen. Man erkennt sie an einem kleinen Pfeil im Symbol. Wenn man eine Verknüpfung löscht, bleibt die Zieldatei weiterhin bestehen.

Virus
► Schadsoftware

VPN
Abkürzung für „Virtuelles Privates Netzwerk" und Begriff für ein Verfahren, bei dem ein privates Netzwerk über ein öffentliches Netzwerk (wie etwa das Internet) realisiert werden kann. Dadurch kann sich beispielsweise ein Mitarbeiter von zu Hause ins Firmennetz verbinden. Man spricht bei dieser (häufig verschlüsselten) Verbindung auch von einem VPN-Tunnel.

Webbrowser
► Browser

Webmail
Man spricht von Webmail, wenn ein E-Mail-Konto über den Webbrowser aufgerufen wird, anstatt ein eigenständiges E-Mail-Programm dafür zu nutzen. Die meisten ► Freemail-Anbieter blenden auf den Seiten ihres Webmail-Dienstes zusätzlich Werbung ein.

Werbeblocker
Ein Werbeblocker – im englischen Adblocker genannt – ist ein ► Plug-In für den Webbrowser, das die Darstellung von Werbung auf den aufgerufenen Seiten herausfiltert.

WiFi ► WLAN

Windows-Registrierungsdatenbank Eine zentrale Konfigurationsdatenbank und damit wesentliche Komponente des Windows-Betriebssystems, in der sowohl die Einstellungen für die installierten Anwendungsprogramme, als auch für Windows selbst gespeichert werden.

Windows-Taste Bezeichnung für die Taste mit Windows-Logo, die auf einer gewöhnlichen Tastatur zwischen den Tasten Strg und Alt neben der Leertaste zu finden ist. Die Hauptfunktion besteht im Öffnen des Startmenüs bzw. der Startseite, in Kombination mit anderen Tasten sind aber viele ► Shortcuts möglich.

WLAN Abkürzung für „Wireless Local Area Network", also ein drahtloses lokales Netzwerk, so wie es oft auch in Privathaushalten verwendet wird. In vielen anderen Ländern ist dafür auch die Bezeichnung „WiFi" (sprich: Weifei) in Analogie zu „HiFi" üblich, obwohl sich die Begriffe nicht eindeutig entsprechen.

Zeichentabelle Liefert eine tabellarische Auflistung aller verfügbaren (Sonder-)Zeichen der installierten Schriftarten, um diese von dort auszuwählen. Man kann sie entweder in die ► Zwischenablage kopieren oder direkt per Doppelklick in die aktive Anwendung (= Programm) einfügen.

Zip-Dateiformat Das englische Wort „zipper" bedeutet Reißverschluss und deutet auf den Zweck des Zusammenpackens von diversen Dateien oder auch Ordnern in eine neue Datei mit der Endung „.zip" hin. Diese verbraucht durch eine geschickte verlustfreie ► Kompression weniger Speicherplatz als die Summe der einzelnen Dateien und kann jederzeit wieder entpackt werden.

Zertifikat Ein digitales Zertifikat dient der Authentifizierung des Kommunikationspartners, etwa beim Aufruf von Webseiten. Dies ist jedoch nur bei einer verschlüsselten Verbindung möglich, die an dem Präfix „https" der ► URL erkennbar ist. Dabei wird über ein so genanntes SSL/TLS-Protokoll die Vertraulichkeit überprüft.

Zwischenablage Das Konzept einer Zwischenablage ist in nahezu allen Betriebssystemen zu finden und stellt einen Zwischenspeicher zur Verfügung, um Objekte zwischen Anwendungen austauschen zu können. Diese Objekte können Textabschnitte, Bilder oder auch ganze Dateien sein. Die Schritte des Kopierens und Wiedereinfügens werden im Englischen „copy & paste" genannt. Anstatt es zu kopieren lässt sich ein Objekt auch ausschneiden (englisch: cut), um es von seinem ursprünglichen Ort zu verschieben.

Musik & Fotos am PC, 2. Auflage

Langspielplatten, Musik-Cassetten, Papierbilder, Dias ... große Sammlungen sind in die digitalisierte Welt zu retten. Dieses Buch gibt konkrete Anleitungen in einfacher Sprache. Außerdem: Wie man Foto- und Musikdateien übersichtlich verwalten, effizient organisieren und ansprechend präsentieren kann.

ISBN 978-3-99013-037-7
144 Seiten, Flexcover, € 14,90
www.konsument.at/musik-foto-pc

Android für Einsteiger, 2. Auflage

Erste Inbetriebnahme, das Anlegen eines Google-Kontos, Abgleich von Kalender und Mails, Apps kaufen, konfigurieren und organisieren, Musik und Fotos verwalten, lesen und navigieren. Außerdem: Sicherheit, Datenschutz und Zubehör sowie viele Checklisten und bebilderte Workshops.

ISBN 978-3-99013-050-6
148 Seiten, Flexcover, € 16,90
www.konsument.at/android

Das Beste aus dem Internet, 5. Auflage

Unser Bestseller: Über 14.000 verkaufte Exemplare! Das Internet als unendliche Informationsquelle: Preissuchmaschinen, Reiseangebote, Musikdownloads und soziale Netzwerke. Außerdem: Gratisprogramme für den Computer, viele wertvolle Tipps für Windows- und Mac-User und über 1.800 Links!

ISBN 978-3-99013-048-3
280 Seiten, Flexcover, € 19,90
www.konsument.at/beste-internet

Weitere KONSUMENT-Bücher
im Buchhandel oder im Online-Shop auf www.konsument.at